そこにあるアドバイスや戦略は、すべての状況に適しているとは限りません。この作品は、著者も出版社も、本書のアドバイスから生じる結果について責任を負わないことを理解した上で販売されています。この作品は、ビットコインについて読者を教育することを目的としており、投資アドバイスを提供することを意図したものではありません。すべての画像は作者のオリジナル所有物であり、画像ソースに記載されているように著作権フリーであるか、財産所有者の同意を得て使用されています。

audepublishing.com

初版 2021 年 9 月。

印刷版 ISBN 9798486794483

紹介

*ビットコイン:回答*は、一般の人々が受け取っているビットコイン周辺の断片化された情報の網を解きほぐす試みです。暗号通貨とビットコインに対する個人的な態度に関係なく(調査されていない人にとっては、そのほとんどは過度に楽観的または過度に冷笑的です)、暗号通貨の範囲はそのような速度で成長しており、そのような速度で金融エコシステムにインストールされているため、ビットコインのベースラインの歴史、概念、および実現可能性を理解することは、そうでないよりもはるかに損害を与えます。うまくいけば、この情報は非常に魅力的です。ビットコインは、お金と価値の取引についてのまったく新しい考え方の最初のものでした。最後に、ビットコイン、デジタル通貨、ブロックチェーンの範囲を理解します。これらのシステムの多くは、注意すべきですが、最も緩い意味でのみ比較可能であり、特に半世紀前に金本位制から通貨が取り除かれて以来、不換紙幣のエコシステムがほとんど変わっていないことを考えると、そのような技術の可能性と適用可能なユースケースは非常に驚くべきものです。すべての暗号通貨をビットコインと考え、ビットコインをフリンジバブルと考えるのは単に間違っています。はい、ビットコインは

完璧にはほど遠いですが、本質的に価値のデジタル化と分散化にはさらに多くのものがあります。この本は、「ビットコインとは何か」から始まる、シンプルな質問ベースの形式で、これらすべての概念などに取り組んでいます。あなたの知識に従って流し読みするか、カバーからカバーまで読んでください。いずれにせよ、私の希望と私のチームの希望は、あなたがビットコインを感情的、技術的、歴史的、概念的な観点から理解し、さらに学びたいという継続的な関心と欲求とともに、この本を残すことです。その他のリソースについては、本書の巻末を参照してください。

今、私たちは知識の崇高な追求の中で、横断します。
この本をお楽しみください。

ビットコインとは?

ビットコインは、オープンソースのピアツーピアのグローバルコンピューターネットワーク、プロトコルのコレクション、デジタルゴールド、新しいテクノロジーの最前線、暗号通貨など、多くのものです。肉体的には;ビットコインは、さまざまなプロトコルとアルゴリズムを実行する13,000 台のコンピューターです。概念的には、ビットコインは簡単で安全な取引のグローバルな手段です。民主化の力であり、透明で匿名の金融の手段です。物理的と概念的な架け橋として、ビットコインは暗号通貨です。物理的な形を持たず、純粋にオンラインに存在する価値の手段と貯蔵庫。しかし、これはすべて「お金とは何か」という問いを投げかけ、「紙切れ」と答えるようなものです。上記の段落を読むビットコインに精通していない人は、ほぼ確実に答えよりも多くの質問をするでしょう。そのため、「ビットコインとは何か」という問いは、本書の本質であり、各部分の分析を通じて、全体の理解にたどり着くことができるのではないでしょうか。

ビットコインを始めたのは誰ですか?

サトシ·ナカモトは、ビットコインを作成した個人、またはおそらく個人のグループです。この謎めいた人物についてはあまり知られておらず、その匿名性は数え切れないほどの陰謀論を生み出してきました。ナカモトは、ピア·ツー·ピア財団の公式ウェブサイトに日本出身の 45 歳の男性として掲載しているが、メールではイギリスの慣用句を使用している。さらに、彼の作品のタイムスタンプは、米国または英国に拠点を置く人物とよりよく一致します。ほとんどの人は、彼の失踪は計画されたと信じており(多くの人が彼の仕事を聖書の引用と結びつけています)、CIA などの政府機関が彼の失踪に関連していると信じている人もいます。これらはフリンジ理論にすぎません。しかし、ビットコインの作成者は現在 700 億ドル(110 万ビットコインに相当)以上の資産を保有しており、ビットコインがさらに数百%上昇した場合、暗号通貨の父であるこの匿名の億万長者は世界で最も裕福な人物になります。

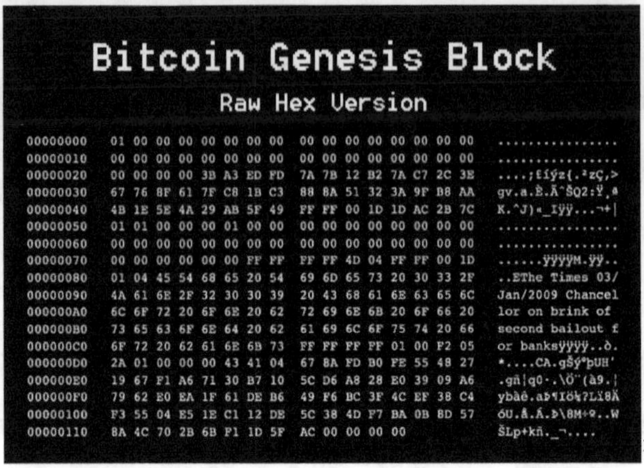

[1]

上記のビジュアルは、ビットコインのジェネシス(「最初」を意味する)ブロックを表しています。ビットコインの創設者であるサトシ·ナカモトは、「タイムズ 2009 年 1 月 3 日首相が銀行の 2 回目の救済の危機に瀕している」というメッセージをコードに入力しました。

[1] MikeG001 / CC BY-SA 4.0

ビットコインの所有者は誰ですか?

ビットコインが「所有されている」という考えは、最も分散した意味でのみ正しいです。約 2,000 万人が世界のすべてのビットコインをまとめて所有していますが、ネットワークとしてのビットコイン自体を所有することはできません。[2]

[2] 技術的には、世界中の 2,050 万人が少なくとも 1 ドルのビットコインを保有しています。

ビットコインの歴史は何ですか?

これは、暗号通貨、ブロックチェーン、ビットコインの簡単な歴史です。

- 1991 年、暗号で保護されたブロックのチェーンが初めて概念化されました。
- それから約 10 年後の 2000 年、Stegan Knost は暗号で保護されたチェーンに関する理論と、実用的な実装のためのアイデアを発表しました。
- その 8 年後、サトシ·ナカモトはブロックチェーンのモデルを確立したホワイトペーパー(ホワイトペーパーは徹底したレポートとガイド)を発表し、2009 年には自身が開発した仮想通貨「ビットコイン」を使った取引の公開台帳として初のブロックチェーンを実装しました。
- 最後に、2014 年には、ブロックチェーンおよびブロックチェーンネットワークのユースケース(ユースケースは、製品またはサービスを使用できる可能性のある特定の状況)が暗号通貨の外で開発され、ビットコインの可能性がより広い世界に開かれました。

ビットコインはいくつありますか?

ビットコインの最大供給量は 2,100 万コインです。2021 年現在、1,870 万ビットコインが流通しており、流通するビットコインは 230 万枚しか残っていないことを意味します。その数のうち、900 の新しいビットコインがマイニング報酬を通じて毎日循環供給に追加されます。[3] マイニング報酬は、ビットコイントランザクションを処理および検証するために複雑な方程式を解くコンピューターに与えられる報酬です。これらのコンピューターを実行する人々は「マイナー」と呼ばれます。誰でもビットコインマイニングを開始できます。基本的な PC でも、ネットワーク内のコンピューターであるノードになり、マイニングを開始できます。

---

3 「ビットコインはいくつあるの?採掘するにはいくつ残っていますか?(2021)」と書かれています。 https://www.buybitcoinworldwide.com/how-many-bitcoins-are-there/。

ビットコインはどのように機能しますか?

ビットコイン、そして事実上すべての暗号通貨は、ブロックチェーン技術を通じて運営されています。

ブロックチェーンは、その最も基本的な形式では、文字通りのブロックのチェーンにデータを保存すると考えることができます。ブロックとチェーンが具体的にどのように機能するかを見てみましょう。

- 各ブロックには、取引の日時、金額などのデジタル情報が保存されます。
- ブロックは、暗号資産を保持しているウォレットを開いたときに受け取る数字と文字の文字列である「デジタルキー」を使用して、どの当事者が取引に参加したかを知ることができます。
- ただし、ブロックは単独では動作しません。ブロックは、他のコンピューター、別名ネットワーク内の「ノード」からの検証が必要です。
- 他のノードは、1 つのブロックの情報を検証します。データを検証し、すべてが良好に見える場合、ブロックとそれが運ぶデータは公開台帳に保存されます。

- 公開台帳は、ネットワーク上で行われたすべての承認されたトランザクションを記録するデータベースです。ビットコインを含むほとんどの暗号通貨には、独自の公開台帳があります。
- 台帳の各ブロックは、その前のブロックとその後に続くブロックにリンクされています。したがって、ブロックが形成するリンクはチェーンのようなパターンを作成します。したがって、ブロックチェーンが形成されます。

概要: **ブロック**はデジタル情報を表し、**チェーン**はそのデータがデータベースに格納される方法を表します。

つまり、先ほどの定義を要約すると、ブロックチェーンは新しいタイプのデータベースです。以下は、ネットワーク内の各ブロックの内訳を視覚化したものです。

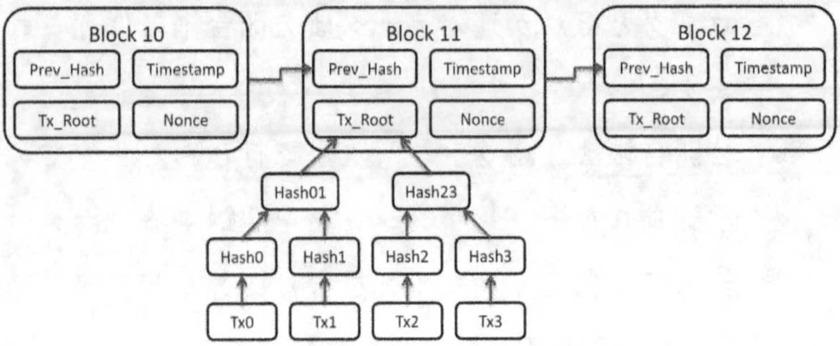

[4]

[4] マテウス·ワンダー / CC BY-SA 3.0

ビットコインアドレスとは何ですか?

アドレスは公開鍵とも呼ばれ、銀行口座番号やメールアドレスに匹敵する識別コードとして機能する数字と文字の一意のコレクションです(例:1BvBESEystWetqTFn3Au6u4FGg7xJaAQN5)。これにより、ブロックチェーン上で取引を行うことができます。アドレスはベースブロックチェーンに接続します。たとえば、ビットコインアドレスはビットコインネットワークとブロックチェーンにあります。アドレスには、アドレスアイデンティコン(または単に「アイコン」)と呼ばれる丸くてカラフルな「ロゴ」があります。これらのアイコンを使用すると、正しい住所を入力したかどうかをすばやく確認できます。暗号通貨を送受信するたびに、関連するアドレスを使用します。ただし、アドレスにはアセットを格納できません。これらは、ウォレットを指す識別子として機能します。

[5]

[5] bitaddress.org

ビットコインノードとは何ですか?

ノードは、ブロックチェーンのネットワークに接続されたコンピューターであり、ブロックチェーンがブロックを書き込み、検証するのを支援します。一部のノードは、ブロックチェーンの履歴全体をダウンロードします。これらはマスターノードと呼ばれ、通常のノードよりも多くのタスクを実行します。さらに、ノードは特定のネットワークに縛られることはありません。ノードは、マルチプールマイニングの場合のように、実質的に自由に異なるブロックチェーンに切り替えることができます。まとめると、ビットコインと暗号通貨の分散型の性質全体、および基盤となるブロックチェーンとセキュリティ機能の多くは、グローバルなノードベースのシステムの概念と利用によって可能になります。

ビットコインのサポートとレジスタンスとは何ですか?

ここでは、テクニカル分析とビットコインの取引を掘り下げます:サポートは、多くの人がその価格で資産を購入することをいとわないため、その資産が下落する可能性が低いコインまたはトークンの価格です。多くの場合、コインがサポートレベルに達すると、上昇トレンドに反転します。これは通常、コインを購入するのに良い時期ですが、価格がサポートレベルを下回ると、コインは別のサポートレベルまでさらに下落する可能性があります。一方、レジスタンスは、多くの人が売るのに良い価格だと感じるため、資産が突破するのが難しいと感じる価格です。抵抗のレベルは生理的な場合があります。たとえば、多くの人が「ビットコインが 50,000 ドルに達したら売る」と考えていたため、ビットコインは 50,000 ドルでレジスタンスにぶつかる可能性があります。多くの場合、レジスタンスレベルが突破されると、価格が急速に上昇する可能性があります。例えば、ビットコインが 50,000 ドルを突破した場合、価格はすぐに 55,000 ドルまで上昇し、その時点でより多くのレジスタンスに直面する可能性があり、50,000 ドルが新しいサポートレベルになる可能性があります。

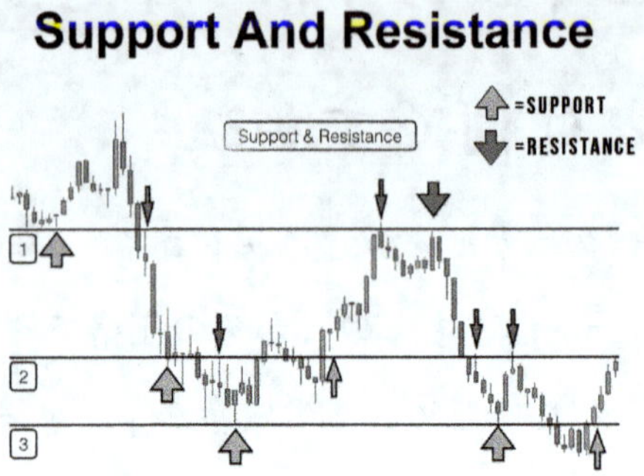

[6]

[6] AKASH98887 による CC BY-SA 4.0 画像に基づく File:Support_and_resistance.png

ビットコインチャートをどのように読みますか?

これは壮大な質問です。答えるために、次のセクションでは、ビットコインやその他の暗号通貨を読み取るために使用される最も一般的なタイプのチャートと、そのようなチャートの読み方を分解することを目的としています。

チャートは、価格を調べ、パターンを見つけるための基礎を形成します。チャートは、あるレベルでは単純であり、別のレベルでは深く複雑です。基本から始めます。さまざまな種類のチャートとそのさまざまな用途。

折れ線グラフ

折れ線グラフは、価格を1本の線で表すグラフです。ほとんどのグラフは、一般的な代替手段よりも情報が少ないにもかかわらず、非常に理解しやすいため折れ線グラフです。ロビンフッドとコインベース(どちらも経験の浅い投資家向けのサービスを対象としています)は、デフォルトのチャートタイプとして折れ線グラフを使用していますが、チャールズ·シュワブやバイナンスなどの経験豊富なオーディエンスを対象とした機関投資家は、他のチャート形式をデフォルトとして使用しています。

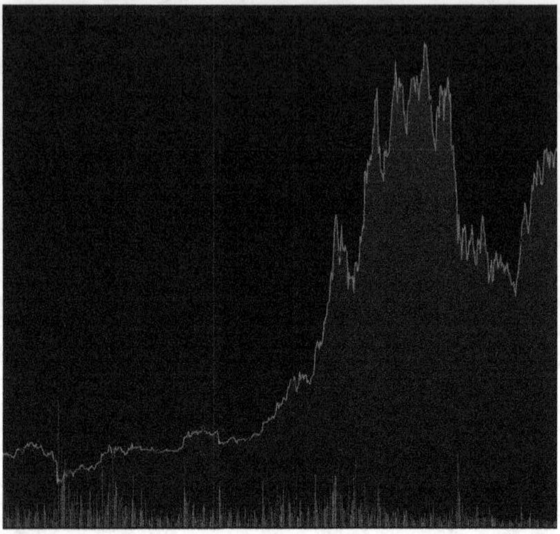

(tradingview.com)折れ線グラフ

ローソク足チャート

ローソク足チャートは、コインに関する情報を表示するためのはるかに便利な形式です。このようなチャートは、ほとんどの投資家に選ばれるチャートです。特定の期間内では、ローソク足チャートは幅の広い「実体」を持ち、ほとんどの場合、赤または緑で表されます(別の一般的な配色は、空/白と塗りつぶされた/黒の実体です)。赤(塗りつぶし)の場合、終値は始値よりも低かった(つまり、下がった)ことになります。実体が緑色(空)の場合、終値は始値よりも高かった(つまり上昇した)ことになります。実体の上下には、「影」とも呼ばれる「芯」があります。ヒゲは、その期間の取引の高値と安値を示します。つまり、わかっていることを組み合わせると、上ヒゲ(別名上ヒゲ)が実体に近い場合、日中に到達したコインまたはトークンは終値に近いほど高くなります。したがって、その逆も当てはまります。ローソク足チャートをしっかりと理解する必要があるので、tradingview.com などのサイトにアクセスして慣れることをお勧めします。

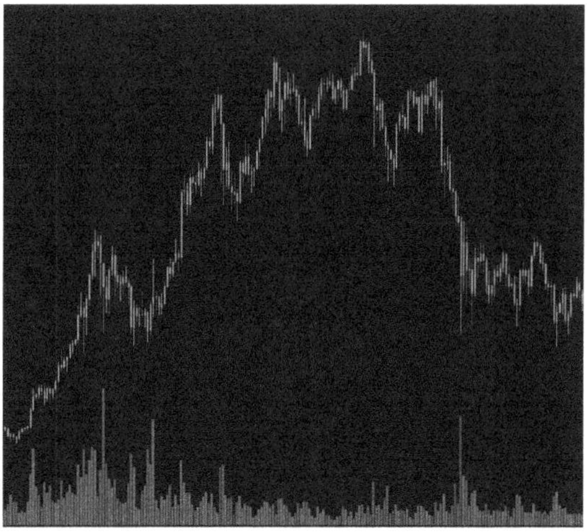

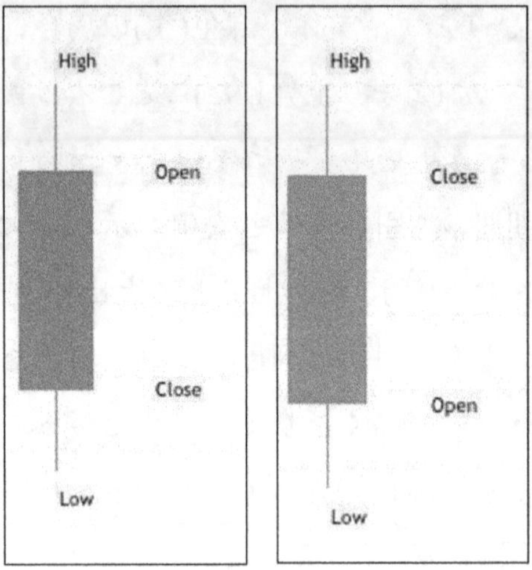

(tradingview.com) Figure 11: Bearish Candle[xi]

ローソク足チャート

練行足チャート

練行足チャートは価格の動きのみを示し、時間と出来高を無視します。練蓮足は、日本語で「レンガ」を意味する「連画」に由来します。練行足チャートはレンガ(ボックスとも呼ばれます)を使用し、通常は赤/緑または白/黒です。練行足ボックスは、次のボックスの上隅または右下隅にのみ形成され、次のボックスは、価格が前のボックスの上部または下部を通過した場合にのみ形成できます。たとえば、事前定義された金額が「$1」の場合(これはローソク足チャートの時間間隔に似ていると考えてください)、次のボックスは、前のボックスの価格より 1 ドル上または1ドル下回ったときにのみ形成できます。これらのチャートは、ランダムな価格行動を排除しながら、トレンドを単純化して理解しやすいパターンに「平滑化」します。これにより、サポートレベルやレジスタンスレベルなどのパターンがより露骨に表示されるため、テクニカル分析の実行が容易になります。

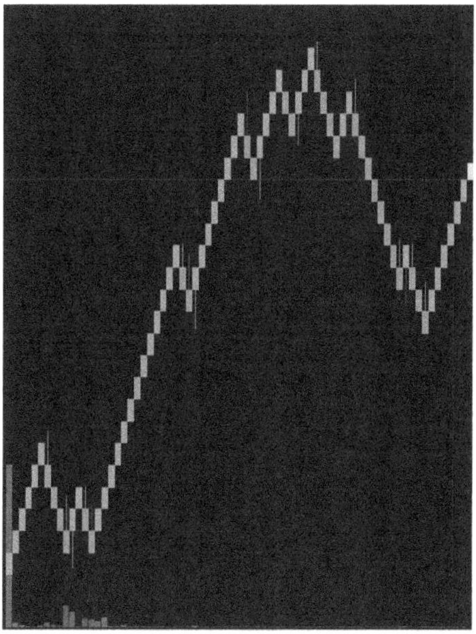

ポイント&フィギュアチャート

ポイント&アンドフィギュア(P&F)チャートは、このリストにある他のチャートほど有名ではありませんが、長い歴史があり、適切なエントリーポイントとエグジットポイントを特定するために使用される最も単純なチャートの1つとして評判があります。練行足チャートと同様に、P&Fチャートは時間の経過を直接考慮しません。むしろ、XとOは列に積み重ねられます。各文字は、選択した価格変動を表します(練行足チャートのブロックのように)。X は上昇価格を表し、O は下落価格を表します。次のシーケンスを見てください。

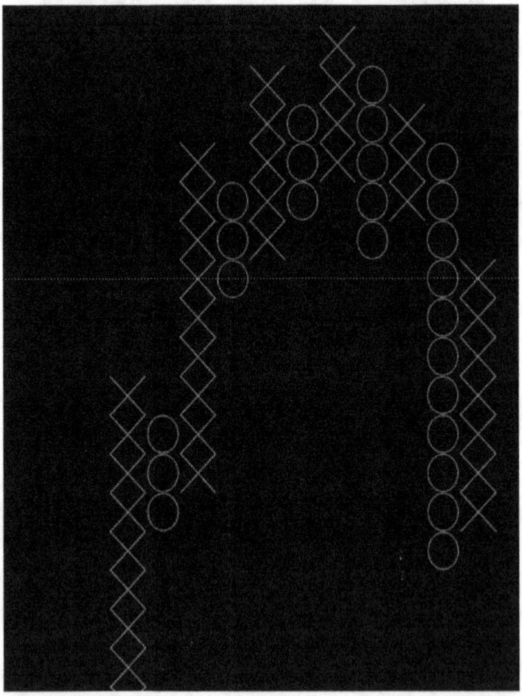

選択した値動きが 10 ドルだとしましょう。3 つの X は価格が 30 ドル上昇したことを示し、2 つの O は 20 ドルの下

落を示し、最後の 2 つの X は 20 ドルの上昇を表します。時間は関係ありません。

Heiken-Ashi チャート

Heikin-Ashi(hik-in-aw-she)チャートは、ローソク足チャートのよりシンプルで滑らかなバージョンです。ローソク足チャート(ローソク足、ヒゲ、ヒゲなど)とほぼ同じように機能しますが、HA チャートは 1 つではなく 2 つの期間で価格データを平滑化します。これは、本質的に、パターンやトレンドをより簡単に見つけることができ、誤ったシグナル(小さくて無意味な動き)の大部分が省略されるため、ローソク足チャートよりも多くのトレーダーにとって平金足が好ましいものとなっています。とはいえ、見た目がシンプルになると、ローソク足に比べて一部のデータが不明瞭になり、それが平金足がまだローソク足に取って代わっていない理由のひとつです。ですから、両方のチャートタイプを試して、自分のスタイルとトレンドを見極める能力に最も適したものを見つけることをお勧めします。

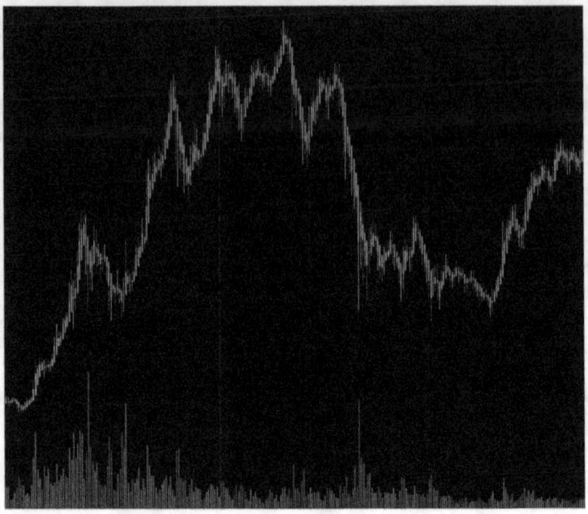

A: 平金足チャートのトレンドは、ローソク足チャートよりも滑らかで識別しやすいことに注意してください。

リソースのチャート作成

TradingView(トレーディングビュー)

tradingview.com(総合ベスト、ベストソーシャル)

コインマーケットキャップ

coinmarketcap.com (シンプル、簡単)

クリプトウォッチ

cryptowat.ch (非常に確立されており、ボットに最適)

クリプトビュー

cryptoview.com (非常にカスタマイズ可能)

チャートパターンの分類

チャートパターンは、役割と目的をすばやく理解できるように分類されます。ここでは、そのような分類をいくつか紹介します。

強気

すべての強気パターンは、上向きに有利な結果になる可能性が高いため、たとえば、強気のパターンは 10%の上昇トレンドになる可能性があります。

弱気

すべての弱気パターンは、下向きに有利な結果になる可能性が高いため、たとえば、弱気パターンは 10%の下降トレンドになる可能性があります。

燭台

ローソク足パターンは、すべてのチャートではなく、ローソク足チャートに特に適用されます。これは、ローソク足のパターンがローソク足(実体とヒゲ)の形式でしか出くわすことができない情報に依存しているためです。

バー/ローソク足の数

パターン内のバーまたはローソク足の数は、通常 3 つ以下です。

継続

継続パターンは、パターン前の傾向が続く可能性が高いことを示しています。したがって、たとえば、継続パターン X が上昇トレンドの上部に形成された場合、上昇トレンドは継続する可能性があります。

ブレイクアウト

ブレイクアウトとは、レジスタンスラインを上回ったり、サポートラインを下回ったりすることです。ブレイクアウトパターンは、そのような動きの可能性が高いことを示しています。そのブレイクアウトの方向は、パターンに固有です。

逆転

反転とは、価格の方向の変化です。反転パターンは、価格の方向が変化する可能性が高いことを示しています(したがって、上昇トレンドは下降トレンドになり、下降トレンドは上昇トレンドになります)。

ビットコインウォレットにはどのような種類がありますか?

ウォレットにはいくつかの異なるカテゴリが存在し、セキュリティ、使いやすさ、アクセシビリティが異なります。

一. *ペーパーウォレット。* ペーパーウォレットは、その名前が示すように、個人情報(公開鍵、秘密鍵、シードフレーズ)を紙に保存することを定義します。これが機能するのは、公開鍵と秘密鍵のペアがウォレットを形成できるためです。オンラインインターフェースは必要ありません。デジタル情報の物理的なストレージは、オンラインセキュリティが潜在的なセキュリティの脅威に直面しているのに対し、物理的な資産は適切に管理されていれば侵入の脅威に直面することがほとんどないため、どの形式のオンラインストレージよりも安全であると考えられています。ビットコインペーパーウォレットを作成するには、誰でも bitaddress.org にアクセスしてパブリックアドレスと秘密鍵を生成し、その情報を印刷できます。QR コードとキー文字列を使用して、トランザクションを容易にします。

しかし、紙の財布の保有者が直面する課題(水害、偶発的な紛失、不明瞭さ)を考えると、非常に安全なオンラインオプションと比較して、紙の財布は、重要な暗号通貨の保有を管理するために使用することはもはや推奨されていません。

二. *ホットウォレット/コールドウォレット*。ホットウォレットとは、インターネットに接続されているウォレットを指し、その反対のコールドストレージは、インターネットに接続されていないウォレットを指します。ホットウォレットを使用すると、アカウントの所有者はトークンを送受信できます。しかし、コールドストレージはホットストレージよりも安全であり、それほどリスクのないペーパーウォレットの利点の多くを提供します。ほとんどの取引所では、ユーザーはいくつかのボタンを押すだけで、保有資産をホットウォレット(デフォルト)からコールドウォレットに移動できます(Coinbase はコールド/オフラインストレージを「ボールト」と呼んでいます)。コールドストレージから保有物を引き出すには数日かかりますが、これはホットストレージとコールドストレージのアクセシビリティとセキュリティのダイナミクスに立ち返ります。暗号資産を長期的に保有することに興味がある場合は、取引所内のコールドストレージが最適です。保有資産を積極的に取引または取引することを計画している場合、コールドストレージは実行可能なオプションではありません。

三. *ハードウェアウォレット。* ハードウェアウォレットは、秘密鍵を保管する安全な物理デバイスです。このオプションにより、ある程度のオンラインアクセスが可能になり(ハードウェアウォレットは保有資産へのアクセスが非常に簡単になるため)、インターネットに接続されていないため、より安全なストレージ手段と組み合わせることができます。Ledger(l edger.com)などの一部の一般的なハードウェアウォレットは、セキュリティを損なうことなくハードウェアウォレットと連携して動作するアプリを提供しています。全体として、ハードウェアウォレットは真面目で長期的な保有者にとって素晴らしい選択肢ですが、物理的なセキュリティを考慮する必要があります。このような財布は、紙の財布と同様に、銀行やハイエンドのストレージソリューションに保管するのが最適です。

ビットコインマイニングは有益ですか?

確かにそうかもしれません。ビットコインマイナーのレンタルの平均年間投資収益率は 1 桁台後半から 2 桁台前半までさまざまですが、自己管理型ビットコインマイニングの ROI は 2 桁までさまざまです(数字をつけると、年間 20%から 150%が期待できますが、40%から 80%が正常です)。いずれにせよ、このリターンは過去の株式市場と不動産のリターンである 10%を上回っています。ただし、ビットコインマイニングは不安定で高価であり、さまざまな要因が各個人のリターンに影響を与えます。次の質問では、ビットコインマイニングの収益性の要因を調べ、推定リターンについてより良い洞察を提供し、一部の月とマイナーが非常に優れたパフォーマンスを発揮する理由とそうでない理由を検討します。

ビットコインマイニングの収益性に影響を与えるものは何ですか?

以下の変数は、ビットコインマイニングの潜在的な収益性を決定するために不可欠です。

*暗号通貨の価格。*主な影響要因は、特定の暗号通貨資産の価格です。ビットコインの価格が2倍上昇すると、マイニングの利益が2倍になり(獲得されるビットコインの量は同じままで、同等の価値は変化するため)、50%の下落は利益の半分になります。暗号通貨、特にビットコインの不安定な性質を考えると、価格を考慮する必要があります。ただし、一般的に、長期的にビットコインと暗号通貨を信じている場合、このリストの他の要因によってのみ変化する可能性のある長期的な株式の構築に焦点を当てるため、価格の変化はあなたに影響を与えるべきではありません。

*ハッシュレートと難易度。*HashRateは、方程式が解かれ、ブロックが見つかる速度です。マイナーのハッシュレートはほぼ収益に相当し、より多くのマイナーがシステムに入ると(したがって、ネットワークのハッシュレートと、ブロックのマイニングの難易度を表す指標である関連するマ

イニングの「難易度」が上昇します)、マイナーあたりのハッシュシェアが希薄化され、その結果、収益性が希薄化します。このように、競争は難易度とハッシュレートを通じて利益を下げます。

*電気の価格。*採掘プロセスがより困難になるにつれて、電力要件も増加します。電気料金は、収益性の主要なプレーヤーになる可能性があります。

二分。 4 年ごとに、ビットコインにプログラムされたブロック報酬は半分になり、コインの流入と総供給量を段階的に減らします。現在(2020 年 5 月 13 日から 2024 年まで)、マイナーの報酬はブロックあたり 6.25 ビットコインです。しかし、2024 年には、ブロック報酬はブロックあたり 3.125 ビットコインに減少します。このように、各コインの価値がブロック報酬の減少と同じかそれ以上に価値が上がらない限り、長期的なマイニング報酬は下がらなければなりません。

ハードウェア コスト。 もちろん、ビットコインのマイニングに必要なハードウェアの実際の価格は、利益と ROI に大きな役割を果たします。マイニングは通常の PC で簡単に設定できます(お持ちの場合は、nicehash.com を確認してください)。とはいえ、フルリグのセットアップには、マ

ザーボード、CPU、グラフィックカード、GPU、RAM、ASIC などのコストがかかります。簡単な方法は、既製のリグを購入することですが、これにはプレミアムを支払う必要があります。自分で作るとお金を節約できますが、技術的な知識も必要です。一般的に、日曜大工のオプションは少なくとも 3,000 ドルかかりますが、一般的には 10,000 ドル近くかかります。ビットコインと暗号通貨マイニングの急速に変化する環境での潜在的なリターンを適切に見積もるには、これらすべてのハードウェア要因を考慮する必要があります。

この質問を結論付けると、鉱業の収益性に影響を与える変数は多数あり、急速に変化しやすく、潜在的な収益は安価な電力にアクセスできる大規模農場に偏っています。とはいえ、クリプトマイニングは依然として非常に収益性が高いことは確かであり、リターン(市場全体の崩壊の可能性を除く)は、かなり長い間、株式市場の予想リターンや他のほとんどの資産クラスの通常のリターンをはるかに上回っている可能性があります。

本物の物理的なビットコインはありますか?

物理的なビットコインは存在せず、おそらく今後も存在しないでしょう。「デジタル通貨」と呼ばれるのには理由があります。とはいえ、ビットコインのアクセシビリティは、より良い取引所、ビットコイン ATM、ビットコインデビットカードとクレジットカード、およびその他のサービスを通じて、時間の経過とともに向上します。うまくいけば、いつの日かビットコインや他の暗号通貨が物理的な通貨と同じくらい使いやすくなるでしょう。

ビットコインは摩擦がありませんか?

フリクションレス市場とは、取引にコストや制約がない理想的な取引環境です。ビットコイン(ペアで構成)の市場は、摩擦のない(特にグローバルな送金に関して)道を歩んでいますが、本当にそこにいることにはほど遠いです。

HTTPS://LibertyTreeCS.New YorkPet.org/2016/03/Is-Bitcoin-Really-Frictionless/

ビットコインはニーモニックフレーズを使用していますか?

ニーモニック句は、シード句と同等の用語です。どちらも 12~24 ワードのシーケンスを表し、ウォレットを識別して表します。バックアップパスワードと考えてください。これにより、アカウントへのアクセスを失うことはありません。反対に、忘れた場合、リセットしたり取り戻したりする方法はなく、それを持っている他の人があなたのウォレットにアクセスできます。ビットコインを保有する可能性のあるすべてのウォレットは、ニーモニックフレーズを使用しています。これらのフレーズは、常に安全でプライベートな場所に保管する必要があります。紙に書くのが一番ですが、何よりも金庫や金庫に置いておくのが一番です。

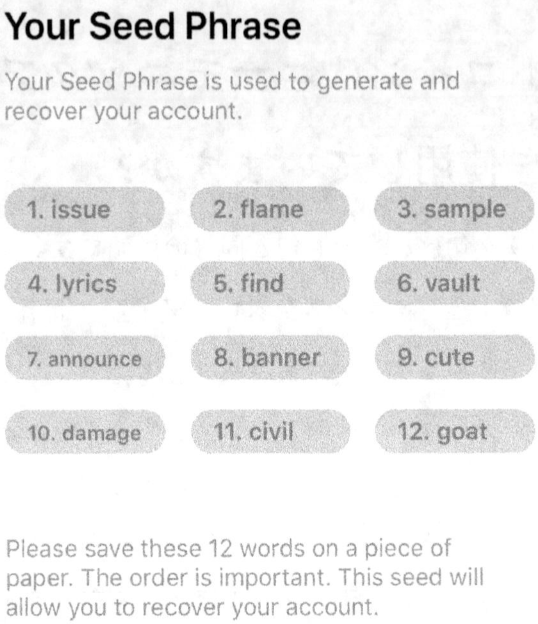
Your Seed Phrase
Your Seed Phrase is used to generate and recover your account.
1. issue
2. flame
3. sample
4. lyrics
5. find
6. vault
7. announce
8. banner
9. cute
10. damage
11. civil
12. goat
Please save these 12 words on a piece of paper. The order is important. This seed will allow you to recover your account.
[7]

[7] FlippyFlink / CC BY-SA 4.0 ライセンス
File:Creating-Atala_PRISM-crypto_wallet-seed_phrase.png

間違ったアドレスにビットコインを送った場合、ビットコインを取り戻すことはできますか?

返金アドレスは、トランザクションが失敗した場合のバックアップとして役立つウォレットアドレスです。このような事態が発生した場合は、指定された返金先住所にチャージバックが行われます。返金先住所を指定する必要がある場合は、住所が正しいこと、および送信するトークンを受け取ることができることを確認してください。

ビットコインは安全ですか?

基盤となるシステムブロックチェーンネットワークによって管理されるビットコインは、次の理由から世界で最も安全なシステムの 1 つです。

一. *ビットコインは公開されています。* ビットコインには、多くの暗号通貨と同様に、すべての取引を記録する公開台帳があります。ビットコインを所有および取引するために個人情報を提供する必要はなく、すべての取引情報はブロックチェーン上で公開されているため、侵入者はハッキングしたり盗んだりするものは何もありません。ビットコインネットワークをハッキングして利益を得るための唯一の代替手段(交換攻撃やパスワードの紛失などの人為的な障害点を除く、ビットコイン自体に焦点を当てています)は 51%の攻撃であり、ビットコインの規模では事実上不可能です。「公開」であることは、ビットコインがパーミッションレスであることにもつながります。誰もそれを制御していないため、主観的または単一の視点がネットワーク全体に影響を与えることはできません(ネットワーク内の他のすべての人の同意なしに)。

二. *ビットコインは分散化されています。* ビットコインは現在、10,000のノードを介して動作しており、そのすべてがまとめてトランザクションを検証する役割を果たします。[8] ネットワーク全体がトランザクションを検証するため、トランザクションを変更または制御する方法はありません(ネットワークの 51%が制御されない限り)。前述のように、このような攻撃は事実上不可能です。ビットコインの現在の価格では、攻撃者は1日に数千万ドルを費やし、単に利用できない大量の計算リソースを制御する必要があります。[9] したがって、データ検証の分散型の性質により、ビットコインは非常に安全になります。

三. *ビットコインは不可逆的です。* ネットワーク内のトランザクションが確認されると、各ブロック(ブロックは新しいトランザクションのバッチ)がその両側のブロックに接続され、相互接続されたチェーンを形成するため、それらを変更することはできません。いったん書き込まれると、ブロックは

---

[8] 「ビットノード:グローバルビットコインノードディストリビューション」 https://bitnodes.io/。2021年8月30日閲覧。

[9] 「ビットコインを1日攻撃するには2100万ドルが必要です-復号化。」2020年1月31日 https://decrypt.co/18012/you-would-need-21-million-to-attack-bitcoin-for-a-day。2021年8月30日閲覧。

変更できません。これら2つの要素を組み合わせることで、データの改ざんを防ぎ、セキュリティを強化します。

四. *ビットコインはハッシュプロセスを使用します。*
ハッシュは、ある値を別の値に変換する関数であり、暗号の世界におけるハッシュは、文字と数字の入力(文字列)を固定サイズの暗号化された出力に変換します。ハッシュは、各ハッシュを「解く」には、非常に複雑な数学的問題を解くために逆算する必要があるため、暗号化に役立ちます。したがって、これらの方程式を解く能力は、純粋に計算能力に基づいています。ハッシュには、データが圧縮され、(元の形式のデータを比較するのではなく)ハッシュ値を比較でき、ハッシュ関数は最も安全で侵害防止のデータ送信手段の 1 つである(特に大規模)という利点があります。

ビットコインは使い果たされますか?

「使い果たす」が何を意味するかによります。毎年ネットワークに追加されるビットコインの量は、必ず使い果たされます。ただし、その時点で、(ビットコインがマイニング報酬であるのとは対照的に)さまざまな供給メカニズムが引き継がれ、ビジネスは通常どおり続行されます。その意味で、ビットコインは決して枯渇するべきではありません。

ビットコインのポイントは何ですか?

ビットコインの主な価値は、価値の保存とプライベートでグローバルで安全な取引の手段として、次のアプリケーションから得られます。これは、本質的に、ビットコインのポイントです。その目的は、過去のリターンと 300,000 件ほどの毎日の取引を考えると、非常に成功裏に実行されました。

5歳の子供にビットコインをどのように説明しますか?

ビットコインは、人々が物事を売買したり、より多くのお金を稼いだりするために使用できるコンピューターマネーです。ビットコインはブロックチェーンのおかげで機能します。ブロックチェーンは、さまざまな人々が、他の誰かにやってもらわなくても、貴重な情報やお金を安全に渡すことができるツールです。

ビットコインは会社ですか?

ビットコインは会社ではありません。これは、アルゴリズムを実行するコンピューターのネットワークです。しかし、時間の経過に伴うソフトウェアとハードウェアの進歩を考慮し、ビットコインの古さを防ぐために、コードとアルゴリズムの更新を可能にするために、作成時に投票システムがネットワークに実装されました。投票システムは完全にオープンソースでコンセンサスベースであり、開発者やボランティアによって提案されたシステムの更新は、他の利害関係者からの厳格な精査を受けなければならず(更新のエラーは何百万もの利害関係者の資金を失うため)、更新は大衆の合意に達した場合にのみ通過します。ビットコイン Foundation (bitcoinfoundation.org) は、ビットコインのロードマップの確立と更新プログラムの開発に取り組んでいる数人のフルタイムの開発者を雇用しています。ただし、繰り返しになりますが、貢献できるものがあれば誰でも参加でき、実際の会社や組織は適用されません。また、ルールの変更が適用されても、ユーザーは更新を強制されません。彼らは彼らが望むどんなバージョンでも固執することができます。このシステムの背後にあるアイデアは非常に素晴らしいものです。独立したオープンソースのコンセンサスベースのネットワークのアイデアは、ビットコインだけでなく、より多くの分野に応用されています。

ビットコインは詐欺ですか?

ビットコインは、定義上、詐欺ではありません。これは、確立されたエンジニアのチームによって作成された金融商品です。それは数兆ドルの価値があり、ハッキング不可能であり、創設者は持ち株を売却していません。[10] そうは言っても、ビットコインは確かに操作可能であり、非常に不安定です。市場に出回っている他の多くの暗号通貨は、ビットコインとは異なり、詐欺です。ですから、調査を行い、評判の良いチームで確立されたコインに投資し、常識を働かせてください。

---

10 サトシ·ナカモトはビットコインのおかげで数百億ドルの価値がありますが、彼は(彼の既知のウォレットで)何も売っていません。彼の匿名性と相まって、ビットコインの創設者は、少なくとも彼が所有している数百億または数千億と比較して、おそらく通貨を通じて大きな利益を上げていません。

ビットコインをハッキングすることはできますか?

ネットワーク全体がネットワーク内の多くのノード(コンピューター)によって常にレビューされているため、ビットコイン自体をハッキングすることは不可能であり、したがって、攻撃者はネットワーク内の計算能力の 51%以上を制御している場合にのみシステムを真にハッキングできます(マジョリティコントロールは、それが正しいかどうかにかかわらず、何でも検証するために使用できるため)。ビットコインの背後にあるマイニングパワーを考えると、これは本質的に不可能です。ただし、暗号通貨のセキュリティの弱点はユーザーのウォレットです。ウォレットや取引所はハッキングがはるかに簡単です。したがって、ビットコインをハッキングすることは不可能ですが、ビットコインは、取引所の障害や、脆弱なパスワードまたは誤って共有されたパスワードによってハッキングされる可能性があります。一般的に、確立された取引所に固執し、プライベートで安全なパスワードを保持していれば、ハッキングされる可能性は実質的にゼロです。

誰がビットコイン取引を追跡していますか?

ビットコインネットワークの各ノード(コンピューター)は、すべてのビットコイントランザクションの完全なコピーを維持します。この情報は、トランザクションを検証し、セキュリティを確保するために使用されます。さらに、すべてのビットコイン取引は公開されており、ビットコイン台帳を通じて表示できます。次のリンクからご自身でご確認いただけます。

https://www.blockchain.com/btc/unconfirmed-transactions

誰でもビットコインを売買できますか?

ビットコインは分散化されているため、外部要因やアイデンティティに関係なく、誰でも売買できます。とはいえ、多くの国では、暗号通貨は(税務上およびセキュリティ上の目的で)中央集権的な取引所を通じてのみ取引されることが義務付けられているため、ID、SSN などの基本的な KYC 義務が必要です。このような法律は、一部の人々が仮想通貨に投資することを妨げており、中央集権的な取引所は何らかの理由でアカウントを閉鎖する権利を留保します。

ビットコインは匿名ですか?

上記の質問で述べたように、ビットコインを管理する生来のシステムは、完全な個人の匿名性を可能にします。トランザクションを成功させるために共有する必要があるのは、ウォレットアドレスだけです。しかし、政府の命令により、多くの国(主な例は米国)で分散型取引所での取引が違法になっています。したがって、中央集権的な取引所は、暗号を取引する際に法的な匿名性を禁止します。

ビットコインのルールは変更できますか?

ビットコインは分散化されているため、システム自体を変更することはできません。ただし、ネットワークのルールは、ビットコイン保有者のコンセンサスを通じて変更できます。今日、オープンソースプロジェクトは、更新が必要な場合にビットコインを更新し、変更がビットコインコミュニティによって受け入れられた場合にのみ更新します。

ビットコインは大文字にする必要がありますか?

ネットワークとしてのビットコインは大文字にする必要があります。単位としてのビットコインは大文字にしないでください。たとえば、「ビットコインのアイデアを聞いた後、10 ビットコインを購入しました」。

ビットコインプロトコルとは何ですか?

プロトコルは、何かをどのように行うべきかを制御するシステムまたは手順です。暗号通貨とビットコイン内では、プロトコルはコードの管理層です。たとえば、セキュリティプロトコルはセキュリティの実行方法を決定し、ブロックチェーンプロトコルはブロックチェーンの動作と動作を制御し、ビットコインプロトコルはビットコインの機能を制御します。

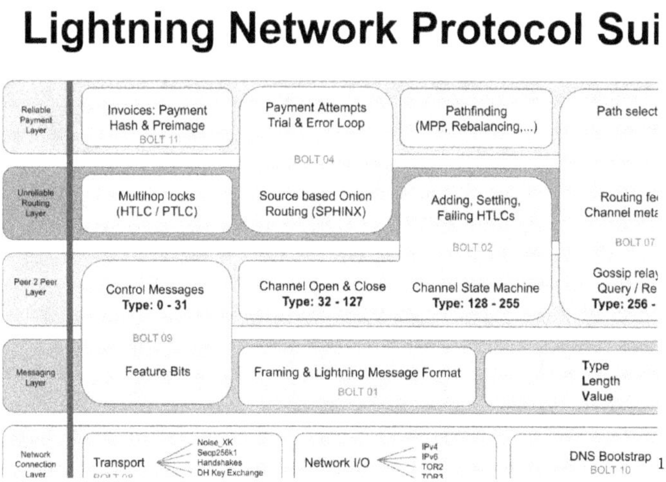

[11]

[11] レネピック / CC BY-SA 4.0
File:Lightning_Network_Protocol_Suite.png

*これは、ビットコインやライトコインなどのコイン上で動作し、より高速なトランザクションを可能にし、スケーラビリティの問題を解決するように設計されたレイヤー2支払いプロトコルであるライトニングネットワークのレンズを通して見たプロトコルの例です。

ビットコインの元帳とは何ですか?

ビットコインの台帳、およびすべてのブロックチェーン台帳は、特定のブロックチェーン上で行われたすべての金融取引に関するデータを保存します。暗号通貨は公開台帳を使用するため、すべての取引を記録するために使用される台帳は公開されています。ビットコインの公開台帳はblockchain.com/explorerでご覧になれます。

Hash	Time	Amount (BTC)	Amount (USD)
e3bc0fb2e5f235094f3825ab722ca4dda305c3528db1466012e1395984f8a3ec	12:22	3.40547680 BTC	$170,416.94
80c2a1ab9cc9fc94f082e707640216f3898beb18942884 0adf189fb2fb150735	12:22	0.52284473 BTC	$26,164.21
f3773b98dd9b10777e0761dd7d8be8e7953b193548b245fcafaf5494124a0e9d	12:22	0.03063826 BTC	$1,533.20
e5e5e9678e6494bb68cea67aef3aee769ef972172db5424797dcd16eb7345a9a	12:22	0.00151322 BTC	$75.72
5f3bcd4212f05ed0d9ad7be40a97e1b4e6fe3456c7d9926e8b1a5219b7a1f33e	12:22	0.84369401 BTC	$42,220.15
37e7a56509c2b085549c3f865e2dcd3c0a29f47d5987d64ef5cf4b8ca9992611	12:22	0.00153592 BTC	$76.86
ee7a833c2da6c25125a653903828db74303d2efafdf730b0cc2767d8840e1754	12:22	0.00210841 BTC	$105.51
d2259806d076a2723259cc55e7131c3d4622ce6a14c37eb51cadd9992f3873c1	12:22	0.00251375 BTC	$125.79
817a79519 6ec4bdb0cc9316e75c13ca1f944c7946faf2400495 2aa2a0aed072f	12:22	1.60242873 BTC	$80,188.77
7f6fa2f64999a07e03a344aed9ddb34282683afeddfcb611f998109b83bdb11f	12:22	0.00022207 BTC	$11.11
6c9dfdf9b649a1d465d5d2cfcb3185ad91b067d36b4b60b3233d0c78cf859d60	12:22	0.00006000 BTC	$3.00
4dce5a6630641314fff08a30dca8209585563c450accdf01f1f72401b9ffbe24	12:22	0.00761070 BTC	$380.85
7a31b8568d549a694819ed19b11d0302514 1ca429bfbaf699ca73fb82ea0825d	12:22	0.00070666 BTC	$35.36
9fd5d4e37f760c414078c8d2dc8cd48efa6cf00f901d81e81e73a1a874c2beef	12:22	0.00061789 BTC	$30.92
b4dda5555fde5282c1e51fa69e56998e55904b77da909136a62b256aac2960fb	12:22	0.07876440 BTC	$3,941.53
a8f05dce5ca3964bd5fbfb65a52e8a23834597739f1828c368fbc8aba129391a	12:22	1.41705545 BTC	$70,912.32
b80588be59e4be8d3b22294d80c2f0df577a7e58a02961afbb62ba3add06b053	12:22	0.30358853 BTC	$15,192.18
e0fb0dcd87c22b2e11ef7ab3852a7a6a51bca0907d0d63199f6d9e275a410dd8	12:22	0.00712366 BTC	$356.48
f60389c978d4bf66bb32047fbd5efocb046d1f0e09c3c7b2035e5b2b6a852445	12:22	0.00029789 BTC	$14.91
a620e18a7a4538e4cd410f1f9fb213408174f699ffe2d245540b388e7befbfbf	12:22	0.79690506 BTC	$39,878.74
cbdc6ef0869d4a243add5c0b8c40d014d4a33a5e01e8eacd3fbcaffc9aba38c2	12:22	0.54677419 BTC	$27,361.68

*blockchain.com からのビットコイン公開台帳のライブビュー

ビットコインとはどのようなネットワークですか?

ビットコインは P2P(ピアツーピア)ネットワークです。ピアツーピア ネットワークでは、多くのコンピューターが相互に連携してタスクを完了します。ピアツーピアネットワークは中央機関を必要とせず、ブロックチェーンネットワークと暗号通貨の不可欠な部分です。

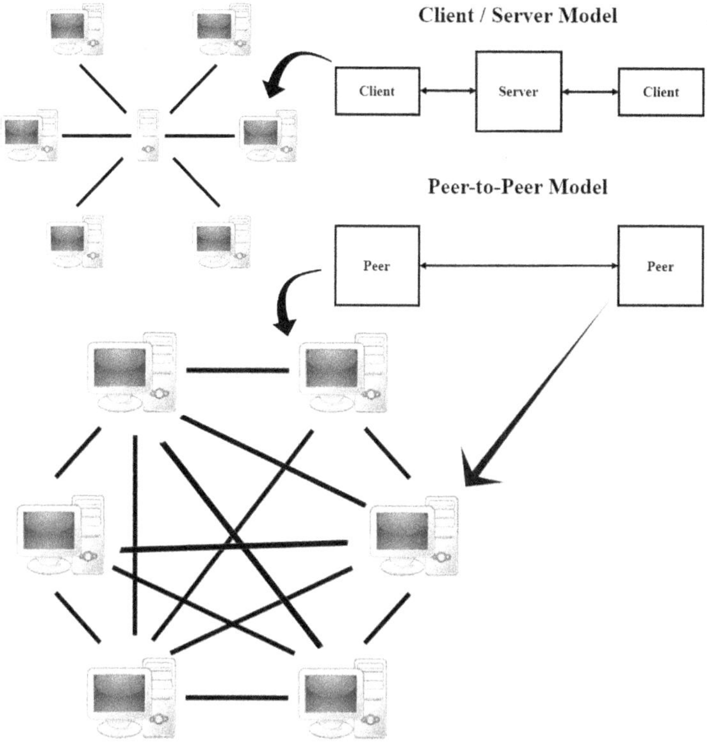

[12]

---

[12] 著者によって作成されました。以下のソースからの画像に基づいています。
マウロ·ビーグ / GNU GPL / File:Server-based-network.svg
Ludovic Ferre / PDM / File:P2P-network.svg
ミシェル·バンキ / CC BY-SA 4.0 / File:Client-server_Vs_peer-to-peer_-_en.png

ビットコインは、最大供給量に達したときでもトップの暗号通貨になることができますか?

ビットコインの供給は確かに使い果たされますが、それは2140年にそうします。その時点で、2,100万BTCすべてがネットワーク内にあり、ネットワークの存続のために別のインセンティブまたは供給システムを実装する必要があります。しかし、2140年にBitoinがトップの暗号通貨になるかどうかを推測することは、1900年に2020年がどうなるかを尋ねるようなものです。技術の差はあり得ないほど大きく、22世紀の技術環境は誰にもわかりません。様子を見るしかない。

ビットコインマイナーはどのくらいのお金を稼ぎますか?

ビットコインマイナーは、合計で 1 日あたり約 4500 万ドル、1 時間あたり 190 万ドル(ブロックあたり 6.25 ビットコイン、1 日あたり 144 ブロック)を稼いでいます。マイナーあたりの利益は、ハッシュパワー、電気代、プール料金(プールにある場合)、消費電力、ハードウェアコストによって異なります。オンラインマイニング計算機は、これらすべての要因に基づいて利益を見積もることができます。Nicehash が提供するこれらの計算機の中で最も人気があり、https://www.nicehash.com/profitability-calculator にあります。

ビットコインのブロックの高さはどれくらいですか?

ブロックの高さは、ブロックチェーン内のブロックの数です。高さ 0 は最初のブロック (「ジェネシスブロック」とも呼ばれます)、高さ 1 は 2 番目のブロックです。ビットコインの現在のブロックの高さは 50 万以上です。ビットコインの「ブロック生成時間」は現在約 10 分で、約 10 分ごとに 1 つの新しいブロックがビットコインブロックチェーンに追加されることを意味します。

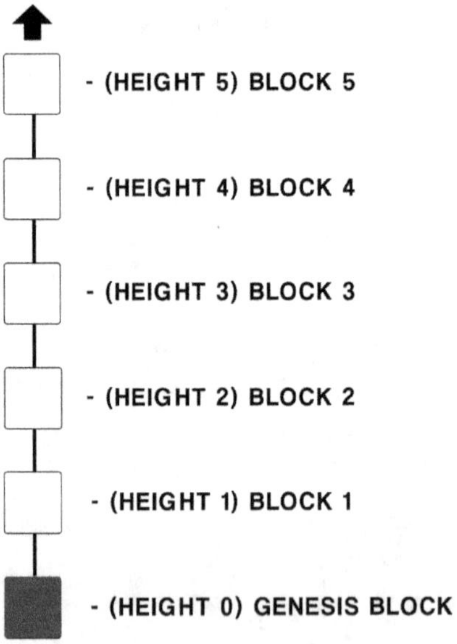

ビットコインはアトミックスワップを使用していますか?

アトミックスワップは、ユーザーが第三者の仲介者(通常は交換)を介さず、売買を必要とせずに、2 つの異なるコインを相互に交換できるようにするスマートコントラクト技術です。Coinbase などの中央集権的な取引所は、アトミックスワップを実行できません。代わりに、分散型取引所はアトミックスワップを可能にし、エンドユーザーに完全な制御を与えます。

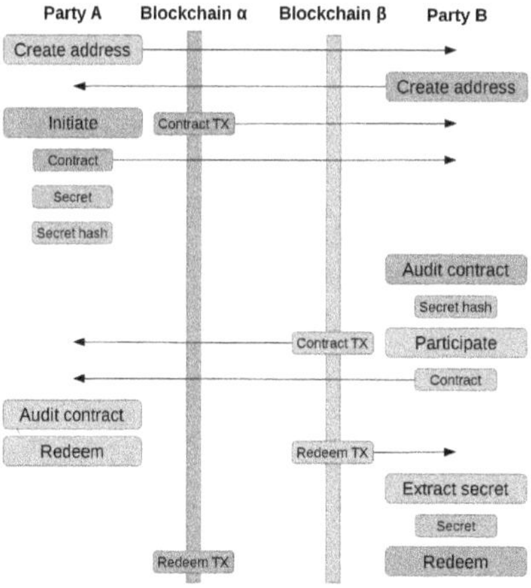

[13]

*アトミックスワップワークフローの可視化

---

[13] Nickboariu / CC BY-SA 4.0 / File:Atomic_Swap_Workflow.svg

ビットコインマイニングプールとは何ですか?

マイニングプールは、グループマイニングとも呼ばれ、計算能力を組み合わせてマイニングを行い、報酬を分割する人や団体のグループを指します。これにより、散発的な収益とは対照的に、一貫した収益も確保されます。

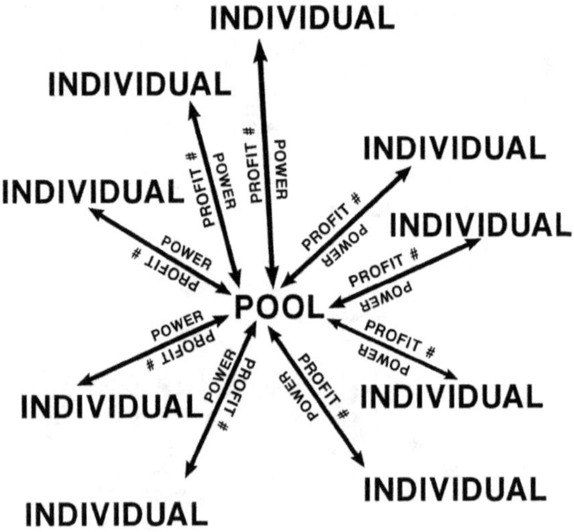

[14]

---

[14] 著者のオリジナル作品。CC BY-SA 4.0 ライセンスの下で使用可能

最大のビットコインマイナーは誰ですか?

図 2.3 は、ビットコインマイナーの分布の内訳です。大きな塊はすべてマイニングプールであり、個々のマイナーではなく、プールは個人のネットワークを活用することで(計算能力の面で)大規模なスケールを可能にするためです。これは、本質的に、非常にビットコインのような流通の概念をマイニングに適用します。最大のビットコインプールには、Antpool(オープンアクセスのマイニングプール)、ViaBTC(安全で安定していることで知られる)、Slush Pool(最古のマイニングプール)、BTC.com(4 つの中で最大のもの)などがあります。

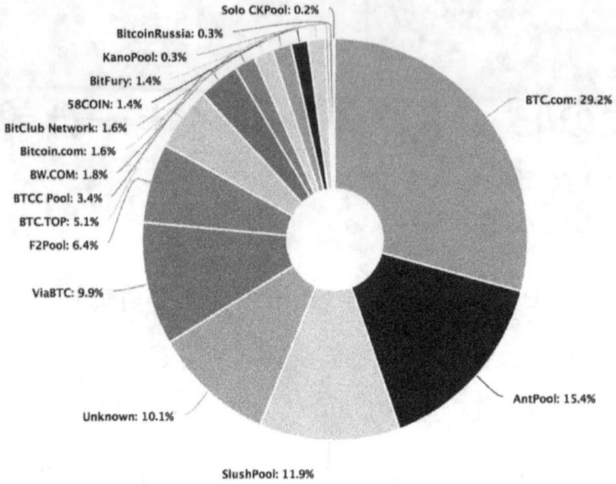

[15]

図 2.3: ビットコイン マイニング分布 3

---

[15] "ビットコインマイニングディストリビューション 3 |科学的な図をダウンロード。 https://www.researchgate.net/figure/Bitcoin-Mining-Distribution-3_fig3_328150068。2021 年 9 月 2 日にアクセス。

ビットコインテクノロジーは時代遅れですか?

はい、ビットコインを動かすテクノロジーは、新しい競合他社に比べて時代遅れです。ビットコインは先駆的な仕事をし、暗号通貨の概念実証として機能しましたが、すべてのテクノロジーと同様に、イノベーションは前進し、そのようなイノベーションに追いつくには、ビットコインにはなかったまとまりのあるアップグレードが必要です。ビットコインネットワークは毎秒約 7 トランザクションを処理できますが、イーサリアム(時価総額で 2 番目に大きい暗号通貨)は毎秒 30 トランザクションを処理でき、3 番目に大きく、はるかに新しい暗号通貨であるカルダノは毎秒約 100 万トランザクションを処理できます。ビットコインネットワークのネットワーク輻輳は、はるかに高い手数料につながります。このように、プログラマビリティ、プライバシー、エネルギー使用と同様に、ビットコインはやや時代遅れです。これは、それが機能しないという意味ではありません。それは、深刻なアップグレードを実装するか、ユーザーエクスペリエンスが悪化し、競合他社が繁栄することを意味します。しかし、とにかく、ビットコインには莫大なブランド価値、大規模な使用と採用、そして安全な方法で仕事を成し遂げるプロトコルがあります。これは、ゼロサムゲームではなく、最善または最悪のシナリオで終わる可能性が高いことを意味します。暗号空間が成長するにつれて、ビットコインが問題に直面し続け、解決策を実装し続け、成長し続ける(ただし、ある時点で成長が鈍化する必要がある)という中間点のシナリオが展開される可能性があります。

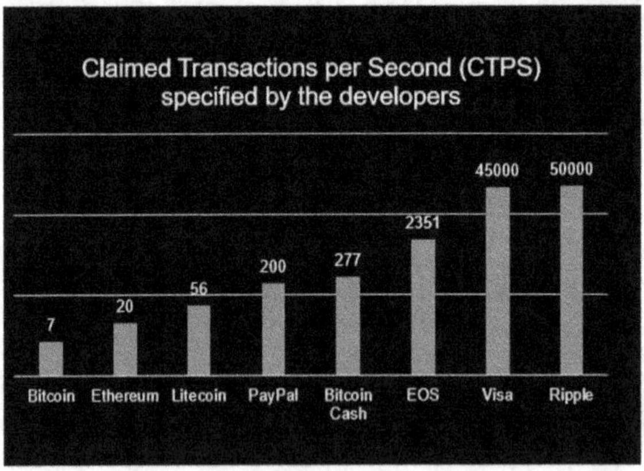

[16] https://investerest.vontobel.com/

---

16 「ビットコインの説明-第 7 章:ビットコインのスケーラビリティ-インベストレスト。」 https://investerest.vontobel.com/en-dk/articles/13323/bitcoin-explained---chapter-7-bitcoins-scalability/。2021 年 9 月 4 日閲覧。

ビットコインノードとは何ですか?

ノードは、ブロックチェーンのネットワークに接続され、ブロックチェーンがブロックを記述および検証するのを支援するコンピューター(ノードは特定のタイプではなく、任意のコンピューターです)です。一部のノードは、ブロックチェーンの履歴全体をダウンロードします。これらはマスターノードと呼ばれ、通常のノードよりも多くのタスクを実行します。さらに、ノードは特定のネットワークに縛られることはありません。ノードは、マルチプールマイニングの場合のように、実質的に多くの異なるブロックチェーンに自由に切り替えることができます。

ビットコインの供給メカニズムはどのように機能しますか?

ビットコインは PoW 供給メカニズムを使用しています。供給メカニズムは、新しいトークンがネットワークに導入される方法です。PoW、または「プルーフ·オブ·ワーク」とは、文字通り、ブロックを作成するために(数式の観点から)作業が必要であることを意味します。仕事をするのは鉱夫です。

ビットコインの時価総額はどのように計算されますか?

時価総額の計算式は非常に単純で、# of units x price per unit です。ビットコインの「単位」はコインであるため、時価総額を解決するには、流通供給量(約 1,880 万)にコインあたりの価格(約 50,000 ドル)を掛けることができます。その結果の数字(この場合は 9,400 億)が時価総額です。

ビットコインローンを授けたり受けたりできますか?

はい、ビットコインやその他の暗号通貨を活用して米ドルローンを組むことができます。このようなローンは、ビットコインの保有資産を売却したくないが、車や不動産の支払い、旅行、不動産の購入などの費用のためにお金が必要な人に最適です。ローンを組むことで、保有者は資産を保有しながら、資産にロックされた価値を利用することができます。さらに、ビットコインローンのターンアラウンドと受け入れ時間は非常に速く、クレジットスコアは重要ではなく、ローンにはある程度の機密性が伴います(つまり、貸し手はあなたがお金を使うものに興味がありません)。貸し手として、座りがちな持ち株から収入を得るのは良い戦略です。どちらの側でも、リスクは主にビットコインの変動にあります。いずれにせよ、それは興味深いビジネスであり、始まったばかりで、本当に大きな成長の可能性を秘めています。ビットコインとコインのローンを授受する最も人気のあるサービスは、blockfi.com、lendabit、youhodler、btcpop、coinloan.io、および mycred.io です。

ビットコインの最大の問題は何ですか?

残念ながら、ビットコインは完璧ではありません。これはこの種のものとしては初めての試みであり、新しい技術は最初の試みで完成することはありません。ビットコインが直面している現在および長期的な最大の問題は、エネルギーと規模の問題です。ビットコインは PoW(プルーフオブワーク)システムを通じて動作し、発生する欠点はエネルギー使用量が多いことです。ビットコインは現在、年間 78tW /時を使用しています(すべてではありませんが、その多くは炭素を利用しています)。テラワット時とは、1 時間に 1 兆ワットを出力することに等しいエネルギーの統一です。それにもかかわらず、ビットコインネットワークは従来のマネーシステムよりも 3 倍少ないエネルギーを消費します。問題は、大量採用時のエネルギー使用量と、他の暗号通貨と比較したエネルギー使用量にあります。[17] イーサリアムで採用されているような PoS(プルーフ·オブ·ステーク)システムは、PoW の代替品よりも 99.95%少ないエネル

[17] 「銀行はビットコインの 3 倍以上のエネルギーを消費しています...」 https://bitcoinist.com/banks-consume-energy-bitcoin/。

ギーを使用します。[18]これは、理想的なエネルギー要件が遠く離れている場合でも、ビットコインが現在よりもはるかに少ないエネルギーを消費する可能性があるという事実を示唆しているため、絶対的なエネルギー消費データよりも重要です。規模に加えて、長期的にビットコインが直面している同様に重要な問題(存続の観点からではなく、価値の観点から)は実用性です。ビットコインには固有の有用性がほとんどなく、テクノロジーとしてよりも価値の貯蔵庫として機能します。ビットコインはニッチを埋め、デジタルゴールドのように機能すると主張することができますが、座りがちなニッチの両刃の剣は、ビットコインのボラティリティが長期的な価値の貯蔵に対して非常に高く、ある時点でボラティリティが低下するか、使用が高ボラティリティに慣れている人口統計に限定されたままになるということです。少なくとも、実用性の問題はアルトコインの代替案の問題を提起します。暗号通貨のユースケースは、特に実用性に関して多様であるため、ビットコイン以外の暗号通貨は長期的に大規模に存在する必要があり、今後も存在するでしょう。どちらが正解かという質問は、正解すれば非常に有益になります。

---

18 「プルーフ·オブ·ステークはイーサリアムを99.95%エネルギー効率の高いものにするかもしれない...」 https://www.morningbrew.com/emerging-tech/stories/2021/05/19/proofofstake-make-ethereum-9995-energyefficient-work。

ビットコインにはコインやトークンがありますか?

ビットコインはコインで構成されていますが、トークンとコインの違いを理解することが重要です。暗号通貨トークンは、コインと同じように資産を表すデジタル単位です。ただし、コインは独自のブロックチェーン上に構築されていますが、トークンは別のブロックチェーン上に構築されています。多くのトークンはイーサリアムブロックチェーンを使用しているため、コインではなくトークンと呼ばれています。コインはお金としてのみ使用されますが、トークンにはより広い用途があります。トークンを理解することは、取引しているものを正確に理解し、デジタル通貨のすべての用途を理解するために不可欠な部分であり、これらの理由から、最も人気のあるトークンのサブカテゴリをここで分析します。

一. *セキュリティトークンは*、デジタルか物理かを問わず、資産の法的所有権を表します。セキュリティトークンの「セキュリティ」という言葉は、安全であるという意味でセキュリティを意味するのではなく、「セキュリティ」は価値を保持し、取引できる金融商品を指します。基本的に、セキュリティトークンは投資または資産を表します。

二. *ユーティリティトークン*は既存のプロトコルに組み込まれており、そのプロトコルのサービスにアクセスできます。プロトコルはノードが従うべきルールと構造を提供し、ユーティリティトークンは単なる支払いトークンとしてだけでなく、より広い目的に使用できることを忘れないでください。たとえば、ユーティリティトークンは、ICO 中に投資家に与えられるのが一般的です。その後、投資家は受け取ったユーティリティトークンを、トークンを受け取ったプラットフォームで支払い手段として使用できます。心に留めておくべき主なことは、ユーティリティトークンは、商品やサービスを売買する手段としてだけでなく、それ以上のことができるということです。

三. *ガバナンストークン*は、中央集権的な所有者なしでシステムのアップグレードを可能にする暗号通貨の投票システムを作成および実行するために使用されます。

四. *支払い(トランザクション)トークン*は、商品やサービスの支払いにのみ使用されます。

ビットコインを保有するだけでお金を稼ぐことができますか?

多くのコインは、資産を保有するだけで報酬を提供します。イーサリアム保有者は、ステーキングされた ETH でまもなく 5%の APR を稼ぐことができます。しかし、コインやトークンを保有するだけでお金を提供するすべてのコイン(「ステーキング報酬」と呼ばれる)は、PoS(プルーフ·オブ·ステーク)システムとアルゴリズムで動作するため、重要な言葉は「ステーキング」です。PoS アルゴリズムは、PoW(プルーフ·オブ·ワーク)に代わるもので、所有するコインの数に基づいて取引をマイニングし、検証することができます。つまり、PoS では、所有すればするほど、より多くのマイニングが可能になります。イーサリアムはまもなくプルーフ·オブ·ステークで稼働する可能性があり、すでに多くの代替手段が稼働しています。そうは言っても、借り手に貸し出すことでビットコインの利息を得ることができます。

ビットコインにはスリッページがありますか?

コンテキストを提供するために、スリッページは、成行注文で取引が行われるときに発生する可能性があります。成行注文は可能な限り最良の価格で約定しようとしますが、予想価格と実際の価格の間に顕著な差が生じることがあります。例えば、examplecoin が 100 ドルなので、1000 ドルの成行注文を出したとします。しかし、$1000 で得られるサンプルコインは、予想の 10 ではなく、9.8 個しか得られません。スリッページは、ビッド/アスクのスプレッドが急速に変化する(基本的に市場価格が変化する)ために発生します。ビットコインとほとんどの暗号通貨はスリッページする傾向があります。このため、大口注文を出す場合は、成行注文ではなく指値注文を出すことを検討してください。これにより、スリッページが解消されます。

ビットコインの頭字語はどれですか?

ATH の

「史上最高」を意味する頭字語。これは、暗号通貨が選択した期間内に到達した最高価格です。

ATL の

「すべての時間が低い」という意味の頭字語。これは、選択した期間内に暗号通貨が到達した最低価格です。

BTD(ビービーエッツビー

「ディップを買う」という意味の頭字語。また、いくつかの塩辛い言葉とともに、BTFD として表されることもあります。

CEX の

「中央集権的な取引所」を意味する頭字語。中央集権型取引所は、取引を管理する会社が所有しています。Coinbase は人気のある CEX です。

ICO の

「イニシャル·コイン·オファリング」

P2P の

「足は足」

PND の

「ポンプ&ダンプ」

投資収益率

「投資収益率」

DLT の

「分散型台帳技術」を意味する頭字語。分散型台帳は、複数の当事者がトランザクションを検証できるように、さまざまな場所に保存される台帳です。ブロックチェーンネットワークは分散型台帳を使用しています。

SATS の

SATS はサトシ·ナカモトの略語で、ビットコインの作成者が使用した仮名です。SATS は、ビットコインの最小許容単位であり、0.00000001BTC です。ビットコインの最小単位は、単にサトシとも呼ばれます。

どのビットコインスラングを知っておく必要がありますか?

袋

バッグは自分の位置を指します。たとえば、コインでかなりの量を所有している場合、それらのバッグを所有しています。

バッグホルダー

バッグホルダーは、価値のないコインにポジションを持つトレーダーです。バッグホルダーは、自分の無価値な立場に希望を抱くことがよくあります

イルカ

暗号資産保有者は、いくつかの異なる動物に分類されます。数百万頭など、非常に大きな保有物を持つものはクジラと呼ばれ、中程度の大きさの保有物を持つものはイルカと呼ばれます。

フリップニング/フラッペン

「フリップペニング」は、イーサリアム(ETH)が時価総額でビットコイン(BTC)を上回った架空の瞬間を説明するために使用されます。「フラッペン」は、ライトコイン(LTC)が時価総額でビットコインキャッシュ(BCH)を抜いた瞬間でした。フラッペンは 2018 年に発生しましたが、フリップペニングはまだ起こっておらず、純粋に時価総額に基づくと、発生する可能性は低いです。

Moon / To the Moon

「to the moon」や「it's going to the moon」などの用語は、単に暗号通貨の価値が、通常は極端に上昇することを意味します。

ベーパーウェア

Vaporware は、誇大宣伝されているコインまたはトークンですが、本質的な価値はほとんどなく、価値が下がる可能性があります。

ウラジミールクラブ

暗号通貨の最大供給量の 1%(0.01%)の 1%を取得した人を表す用語。

弱い手

トレーダーは、"弱い手"で自分の資産を保持する自信を欠いている。ボラティリティに直面し、取引計画に固執するのではなく、感情で取引することがよくあります。

レクト

「wrecked」の発音綴り。

HODL の

「命がけで頑張れ」

DYOR の

「自分で調べなさい」

FOMO(フォモ)

「取り残されることへの恐怖」

ふくらみ

「恐怖、不確実性、疑念」

ジョモ

「逃した喜び」

ELI5(エルアイ 5)

「5 歳みたいに説明しろよ」

レバレッジと証拠金を使用してビットコインを取引できますか?

レバレッジ取引に馴染みのない方のために、トレーダーは第三者から借りた資金で取引することで、取引力を「レバレッジ」することができます。たとえば、1,000 ドルを持っていて、5 倍のレバレッジを使用しているとします。現在、5,000 ドル相当の資金で取引しており、そのうち 4,000 ドルは借りました。同じ機能により、10 倍のレバレッジは 10,000 ドル、100 倍は 100,000 ドルです。レバレッジは、自分のものではないお金を使い、余分な利益の一部を保持することで、利益を増幅することができます。証拠金取引はレバレッジ取引とほぼ互換性があり(証拠金がレバレッジを生み出すため)、唯一の違いは、証拠金が必要な預金の割合で表されるのに対し、レバレッジは比率(つまり、3 倍のレバレッジで証拠金取引ができる)であることです。レバレッジと証拠金取引は非常に危険です。一般的に言えば、経験豊富なトレーダーがいて、ある程度の経済的安定性がない限り、レバレッジ取引はお勧めできません。とはいえ、多くの取引所はビットコインやその他の暗号通貨のレバレッジ取引サービスを提供しています。以下は、暗号レバレッジ取引を提供する最高のサービスのリストです。

- バイナンス (人気、総合最高)
- Bybit (最高のチャート)
- BitMEX (最も使いやすい)
- デリビット (レバレッジビットコイン取引に最適)
- クラーケン (人気、ユーザーフレンドリー)
- Poloniex (高流動性)

ビットコインバブルとは何ですか?

ビットコインとすべての投資のバブルとは、すべてが持続不可能な速度で上昇している時期を指します。多くの場合、泡がはじけて大きなクラッシュを引き起こします。このため、バブルの中にいることは、市場全体を指す場合でも、特定のコインやトークンを指す場合でも、良いことであり、(さらに)悪いことでもあります。

ビットコインで「強気」または「弱気」とはどういう意味ですか?

弱気になるということは、コイン、トークン、または市場全体の価値が下がると思うことを意味します。このように考えると、与えられた証券に対しても「弱気」と見なされます。反対に強気になるのは強気で、ある証券の価値が上がると考える人は、その証券に対して強気です。この言葉は株式市場の用語で広まり、その起源は、雄牛が角を上に突き出して相手を攻撃し、熊が立ち上がって下にスワイプするという動物の特徴と結びついていると考えられています。

ビットコインは周期的ですか?

はい、ビットコインは歴史的に循環的であり、歴史的に画期的な高値、修正、蓄積、そして最後に回復と継続に分かれた複数年のサイクル(具体的には 4 年のサイクル)で動作する傾向があります。これは、大きな上昇、大きな下降、小さな上昇または横、および大きな上昇に単純化できます。画期的な高値は通常、4 年ごとに発生するビットコインの半減期イベント(最新のものは 2020 年に発生)の後に(通常は 1 年ほど後)続きます。これは決して正確な科学ではありませんが、ビットコインの中期的な可能性と価格行動に関するいくつかの視点を提供します。さらに、アルトコイン(特に中型および小型のアルトコイン)の大きなジャンプは、通常、ビットコインが大きな上昇も大きな下降も行っていないときに発生し、多くの場合、大きな上昇の動きに続きます。そのような時点で、投資家はビットコインの利益を取り(価格が統合されている間)、それらをより小さなコインに入れます。したがって、特にビットコインの売買を考えている場合は、これらすべてが一般的に考えるべきことです。

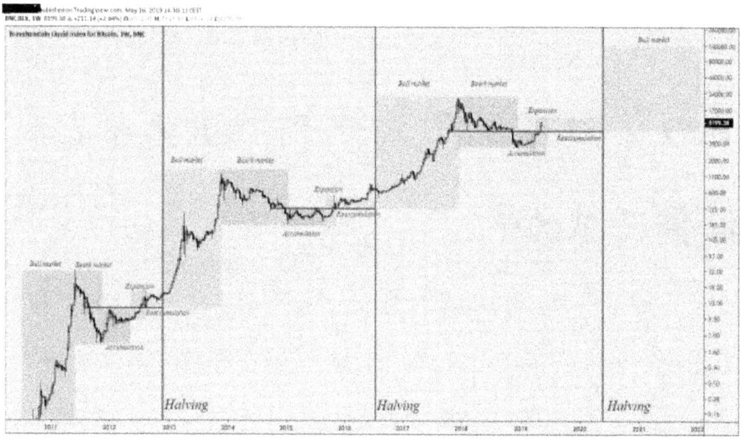

[19][20]

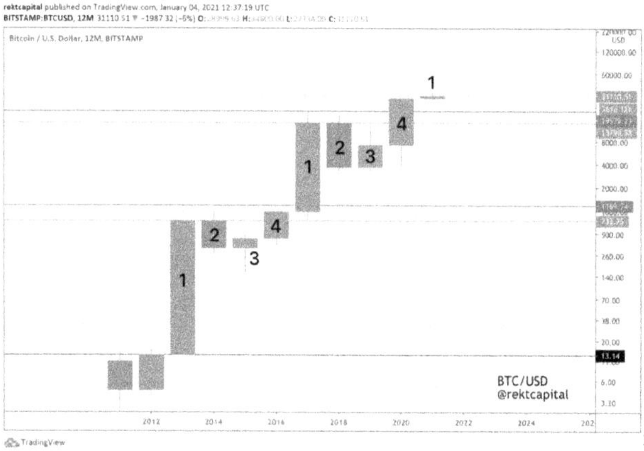

[21]

19

20 「ビットコインの 4 年サイクルの詳細な内訳 |Forex Academy」をご覧ください。2021 年 2 月 10 日、https://www.forex.academy/detailed-breakdown-of-bitcoins-four-years-cycles/。2021 年 9 月 4 日閲覧。

21 「ビットコインの 4 年サイクルの詳細な内訳|ハッカー·ヌーン」2020 年 10 月 29 日、 https://hackernoon.com/a-detailed-breakdown-of-bitcoins-four-year-cycles-icp3z0q。2021 年 9 月 4 日閲覧。

ビットコインのユーティリティとは何ですか?

コインやトークンの有用性は、コインやトークンの背後にある現在および長期的な有用性と価値を理解することで、可能性をより明確に分析できるため、デューデリジェンスの最も重要な側面の1つです。効用は、有用で機能的であると定義されます。実用性のある暗号コインやトークンは、単に存在するだけでなく、問題を解決したり、サービスを提供したりするなど、現実的で実用的な用途があります。現在最も機能的な用途とユースケースを持つコインは、継続的な目的、使用、革新を持たないコインとは対照的に、成功する可能性が高いです。ビットコインを含むいくつかのケーススタディを次に示します。

- ビットコイン(BTC)は、「デジタルゴールド」に似た、信頼性が高く長期的な価値の貯蔵庫として機能します。
- イーサリアム(ETH)は、イーサリアムブロックチェーン上にdAppsとスマートコントラクトを作成することを可能にします。

- Storj(STORJ)は、Google ドライブや Dropbox と同様に、分散型でクラウドにデータを保存するために使用できます。
- Basic Attention Token(BAT)は、Brave ブラウザ内で報酬を獲得したり、クリエイターにヒントを送信したりするために使用されます。
- Golem(GNT)は、GNT トークンと引き換えにレンタル可能なコンピューティングリソースを提供するグローバルなスーパーコンピューターです。

ビットコインを保有する方が良いですか、それとも取引する方が良いですか?

歴史的に言えば、ビットコインを単に保有する方が収益性が高く、簡単です。取引を成功させる(または保有している人よりも大きな利益を上げる)ために必要な時間、労力、タイミングは、組み立てるのが非常に難しい組み合わせです。それを行う人は通常、フルタイムのトレーダーであるか、他の人が持っていないツールにアクセスできます。このレベルの献身を受け入れる意思があるか、プロセスを本当に楽しんでいない限り、ビットコインを長期的に保有して購入する方がはるかに良いでしょう。

ビットコインへの投資は危険ですか?

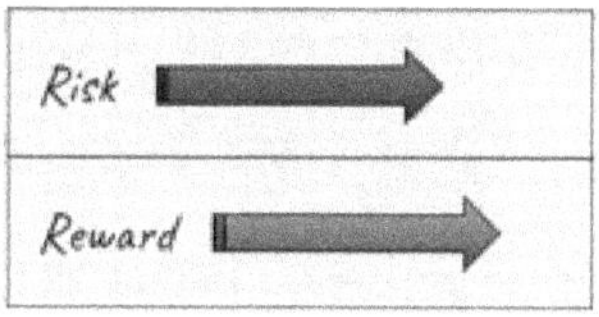

上の図は、リスクとリターンのトレードオフの原則に基づいています。現在暗号市場で起こっているように、他の人がお金を稼いでいるのを見ると(誰もが損失ではなく勝ちを投稿するため、ソーシャルメディアによって大部分が危険なほど可能になっています)、私たちは無意識のうちに(または意識的に)重大なリスクがないと思いがちです。しかし、一般的に言えば(特に投資に関して)、報酬が多ければ多いほど、リスクも大きくなります。暗号通貨への投資はリスクがないわけでも、リスクが低いわけでもありません。それは非常に危険ですが、諸刃の剣であるため、極端な報酬も提供します。

ビットコインのホワイトペーパーとは何ですか?

ホワイトペーパーは、特定の製品、サービス、または一般的なアイデアについて組織が発行する情報レポートです。ホワイトペーパーは、コンセプトを説明し、将来のイベントのアイデアとタイムテーブルを提供します。一般的に、これは読者が問題を理解し、論文の作成者がその問題をどのように解決しようとしているかを理解し、そのプロジェクトについての意見を形成するのに役立ちます。ビジネススペースに頻繁に登場するホワイトペーパーには 3 種類あり、1 つ目は「バックグラウンダー」で、製品、サービス、アイデアの背景を説明し、読者に売り込むための技術的で教育に重点を置いた情報を提供します。2 つ目のタイプのホワイトペーパーは、内容をわかりやすく、数字順の形式で表示する「番号付きリスト」です。例えば、「コイン CM の 10 のユースケース」や「トークン HL が市場を支配する 10 の理由」などです。最後のタイプは、製品、サービス、またはアイデアが解決しようとしている問題を定義し、作成されたソリューションを説明する問題/解決策のホワイトペーパーです。

ホワイトペーパーは、特定のプロジェクトを取り巻く斬新な概念や技術、ビジョン、計画を説明するために、暗号空間内で使用されます。すべてのプロの暗号プロジェクトには、通常、Webサイトにあるホワイトペーパーがあります。ホワイトペーパーを読むことで、アクセス可能な情報を提供する他のどの情報源よりも、プロジェクトをよりよく理解することができます。ビットコインのホワイトペーパーは 2008 年に公開され、透明で制御不能な暗号的に安全な分散型の P2P 電子決済システムの原則を概説しました。元のビットコインホワイトペーパーは、次のリンクで自分で読むことができます。

bitcoin.org/bitcoin.pdf

以下は、暗号通貨のホワイトペーパーに関する詳細情報やアクセスを提供するいくつかの Web サイトです。

すべての暗号ホワイトペーパー

https://www.allcryptowhitepapers.com/

クリプトレーティング

https://cryptorating.eu/whitepapers/

コインデスク

https://www.coindesk.com/tag/white-papers

ビットコインキーとは何ですか?

キーは、アルゴリズムがデータを暗号化するために使用するランダムな文字列です。ビットコインとほとんどの暗号通貨は、公開鍵と秘密鍵の 2 つの鍵を使用します。どちらのキーも文字と数字の文字列です。ユーザーが最初のトランザクションを開始すると、公開キーと秘密キーのペアが作成されます。公開鍵は暗号通貨を受け取るために使用され、秘密鍵はユーザーが自分のアカウントから取引を実行することを可能にします。どちらのキーもウォレットに保存されます。

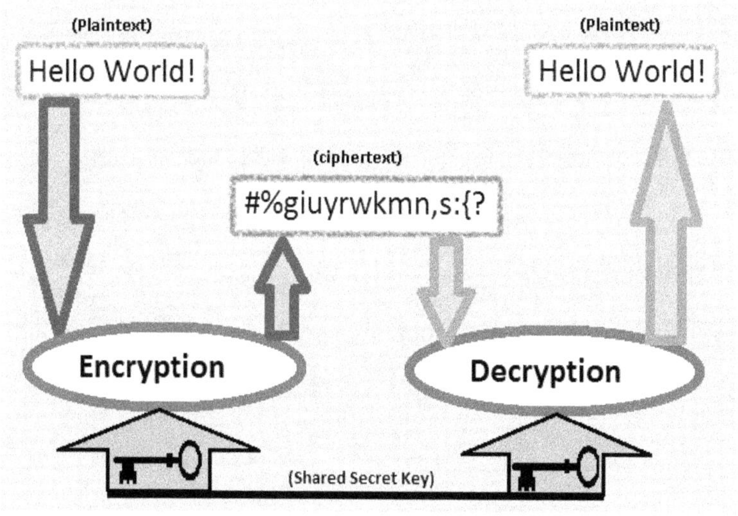

[22]

[22] Dev-NJITWILL の/ PDM の/ File:Crypto.png

ビットコインは希少ですか?

はい。ビットコインは供給が固定されたデフレ資産です。固定供給の暗号通貨には、アルゴリズムの供給制限があります。前述のように、ビットコインは固定供給資産であり、2,100 万枚が流通すると、それ以上のコインを作成できない可能性があります。現在、ビットコインの 90%近くが採掘されており、年間総供給量の約 0.5%が流通から取り除かれています(コインがアクセスできないアカウントに送られるため)。半減期(後で説明します)によると、ビットコインは 2140 年頃に最大供給量に達します。Binance Coin(BNB)、Cardano(ADA)、Litecoin(LTC)、ChainLink(LINK)など、他の多くの暗号通貨(ウェブサイト cryptoli.st から入手し、他の暗号リストに興味がある場合は自分でチェックしてください)も、固定供給のデフレシステムに基づいています。デフレシステムの概念と、これがビットコインを希少にする理由の詳細については、以下の「ビットコインがデフレ的であるとはどういう意味ですか?」という質問で概説されています。

ビットコインクジラとは何ですか?

クジラとは、暗号通貨では、価格行動に影響を与える可能性のある主要なプレーヤーと見なされるのに十分な特定のコインまたはトークンを保有している個人または団体を指します。約 1000 人の個々のビットコインクジラがすべてのビットコインの 40%を所有しており、すべてのビットコインの 13%が 100 強のアカウントに保有されています。[23] ビットコインのクジラは、さまざまな戦略を通じてビットコインの価格を操作することができ、確かに近年はそうしています。興味深い関連記事(Medium が公開)は、「ビットコインクジラと暗号市場の操作」です。

---

[23] 「ビットコインクジラの奇妙な世界」2021 年 1 月 22 日、https://www.telegraph.co.uk/technology/2021/01/22/weird-world-bitcoin-whales-2500-people-control-40pc-market/。

ビットコインマイナーは誰ですか?

ビットコインマイナーは、ビットコインネットワークに計算能力を貸す人です。これは、Nicehash PC ユーザーから完全なマイニングファームまで多岐にわたります。ネットワークに何らかのパワーを追加する(つまりハッシュレートを上げる)人は誰でもマイナーとして定義されます。ビットコインマイナーは、ビットコインでの報酬と引き換えに、トランザクションを検証し、ブロックチェーンにブロックを追加するために使用されるビットコインネットワークに計算能力を提供します。

ビットコインを「燃やす」とはどういう意味ですか?

「バーンド」という用語は、コインを流通から取り出すことを可能にする供給メカニズムであるバーンのプロセスを指し、したがってデフレツールとして機能し、ネットワーク内の互いのコインの価値を高めます(その概念は、企業が株式市場で株式を買い戻すのによく似ています)。バーニングはいくつかの異なる方法で実行できますが、これらの方法の 1 つは、「イーターアドレス」と呼ばれるアクセスできないウォレットにコインを送ることです。この場合、トークンは技術的には総供給量から削除されていませんが、流通供給量は事実上減少しています。現在、約 370 万ビットコイン(200+10 億の価値)がこのプロセスによって失われています。トークンは、トークンを管理するプロトコルにバーン関数をコーディングすることでも燃やすことができますが、はるかに一般的なオプションは、前述のイーターアドレスを使用することです。ティモシー·パターソンという暗号通貨分析は、毎日 1,500 ビットコインが失われており、これは(マイニングによる)1 日平均の増加である 900 をはるかに上回っていると主張しています。結局のところ、コインの損失はある程度まで、希少性と価値を高めます。

ビットコインがデフレ的であるとはどういう意味ですか?

ビットコインは固定供給資産(つまり、コイン供給にはアルゴリズム上の制限がある)であり、2,100 万枚が流通すると、それ以上のコインを作成できない可能性があります。現在、ビットコインの 90%近くが採掘されており、年間総供給量の約0.5%が失われています。半減の結果、ビットコインは 2140 年頃に最大供給量に達します。固定供給システムの最も明白な利点は、そのようなシステムがデフレ的であることです。デフレ資産とは、時間の経過とともに総供給量が減少するため、各ユニットの価値が上昇する資産です。たとえば、10 人の人と一緒に無人島に取り残され、各人が 1 本の水を持っているとします。水を飲む人もいるでしょうから、100 本分の水の総供給量は減る一方です。これにより、水はデフレ資産になります。総供給量が減少するにつれて、各ウォーターボトルの価値はますます高くなります。例えば、今、水筒が 20 本しか残っていないとします。20 本の水筒は、100 本すべてが流通していた頃の 5 本の水筒の価値と同じくらいの価値があります。このように、デフレ資産の長期保有者は、全体に対するファンダメンタルズ価値(水筒の例では、100 本のうち 1 本は 1%、

20 本のうち 1 本は 5%で、1 本あたりの価値は 5 倍)が上昇したため、保有価値が上昇します。全体として、デジタルゴールド(特にビットコインに関して)と同様に、固定供給およびデフレモデルは、時間の経過とともに各コインまたはトークンの基本的な価値を高め、希少性を通じて価値を生み出します。

ビットコインの出来高は?

取引量は、単に「ボリューム」とも呼ばれ、指定された時間枠内に取引されたコインまたはトークンの数です。出来高は、特定のコインまたは市場全体の相対的な健全性を示すことができます。たとえば、この記事の執筆時点で、ビットコイン(BTC)の 24 時間の出来高は 460 億ドルですが、ライトコイン(LTC)は同じ時間枠内で 70 億ドルを取引しています。ただし、この数値自体はやや恣意的です。出来高内での比較の標準化された手段は、時価総額と出来高の比率です。たとえば、上記の 2 つのコインを続けると、ビットコインの時価総額は 1.1 兆ドル、出来高は 460 億ドルで、過去 24 時間にネットワーク上の 24 ドルごとに 1 ドルが取引されたことを意味します。ライトコインの時価総額は 167 億ドル、24 時間の出来高は 70 億ドルで、過去 24 時間にネットワーク上の 2.3 ドルのうち 1 ドルが取引されたことになります。ボリュームを理解することで、人気、ボラティリティ、効用など、コインに関する他の情報をよりよく理解することができます。ビットコインおよびその他の暗号通貨の量に関する情報は以下にあります。

コイン時価総額 - coinmarketcap.com

CoinGecko(コインゲッコー) – coingecko.com

ビットコインはどのように採掘されますか?

ビットコインは、ノード(要約すると、ノードはネットワーク内のコンピューターです)のアプリケーションを通じてマイニングされます。ノードは複雑なハッシュ問題を解決し、ノードの所有者は完了した作業量(したがって、プルーフ·オブ·ワーク)に比例して報酬を受け取ります。このようにして、ノードの所有者(マイナーと呼ばれる)はビットコインをマイニングできます。

ビットコインで米ドルを取得できますか?

はい！すぐ下の質問では、ペアについて学習します。不換紙幣は、法定通貨と暗号通貨のペアを通じてビットコインに交換したり、から交換したりできます。ビットコインから USD へのペアは BTC / USD です。米ドルはビットコインやその他の通貨の見積もり通貨であり、米ドルは他の暗号通貨が比較される基準であることを意味します。これが、「ビットコインが 50,000 に達した」と言うかもしれませんが、ビットコインが実際に 50,000 米ドルに相当する値に到達した理由です。

ビットコインペアとは何ですか?

すべての暗号通貨はペアで動作します。ペアとは、2 つの仮想通貨を組み合わせたもので、そのような仮想通貨を交換することができます。BTC / ETH(暗号から暗号)ペアを使用すると、ビットコインをイーサリアムに交換でき、その逆も同様です。BTC / USD(暗号から法定通貨)のペアにより、ビットコインは米ドルと交換でき、その逆も同様です。小さな暗号通貨が大量にあることを考えると、交換市場はいくつかの大きな暗号通貨に焦点を当てており、それらは他のものと交換されます。たとえば、Celo(CGLD)から Fetch.ai(FET)のペアは存在しない可能性がありますが、CGLD/BTC と BTC/FET のペアを使用すると、CGLD を FET に変換できます。簡単に言うと、ペアは異なる資産をつなぐウェブです。ペアは、異なる取引所や市場間のペア価格の差で取引する裁定取引も可能にします。

ビットコインはイーサリアムよりも優れていますか?

ビットコインとイーサリアムの主な違いは、価値提案です。ビットコインはデジタルゴールドに匹敵する価値の貯蔵庫として作成されましたが、イーサリアムは分散型アプリケーション(dApps)とスマートコントラクトが作成されるプラットフォームとして機能します(ETH トークンと Solidity プログラミング言語を搭載)。イーサリアムブロックチェーン上で dApps を実行するには ETH が必要なため、ETH の価値は実用性とある程度結びついています。一言で言えば、ビットコインは通貨であり、イーサリアムは技術であり、この点でイーサリアムはビットコインの競争相手としてではなく、むしろそれを補完し、それに沿って構築するために作成されました。このため、どちらが優れているかという質問は、リンゴとレンガを比較するようなものです。どちらも得意なことであり、どちらかを選ぶことは、価値提案を選ぶことであり(例えば、食べ物にはリンゴが必要だが、避難所を作るにはレンガが必要だ)、その質問には明確な答えや合意された答えがない。

ビットコインで物を買うことはできますか?

ビットコインは共有された価値感を表しています。価値は、他の通貨と同様に、同等またはほぼ同等の価値のアイテムと取引および交換できます。それにもかかわらず、ビットコインでほとんどのものを直接購入することは非常に困難または不可能です(つまり、オプションは存在し、急速に拡大しています)。もちろん、ビットコインを特定の通貨に交換し、その通貨を使用して物を購入することもできますが、問題は残ります:なぜビットコインを使用して、他のデジタル決済方法で支払うアイテムを購入できないのですか?このような質問は複雑ですが、主に政府が支援する通貨の確立されたシステムがかなり長い間機能してきたのに対し、暗号通貨は新しく、政府の管理や影響の範囲外で運営されているという事実に関係しています。現在の傾向は、暗号通貨がオンライン(およびある程度はオフライン)の小売業者、卸売業者、および独立した販売者に(Stripe、PayPal、Square などの支払い処理業者との統合を通じて)はるかに大きく統合されていることを示しています。すでに、マイクロソフト(Xbox ストア)、ホームデポ(フレクサ経由)、スターバックス(Bakkt 経由)、ホールフーズ(Spedn 経由)、および他の多くの企業がビットコインを受け入れています。転換点は、ビットコインを受け入れる主要なオンライン小売業者(アマゾン、ウォルマート、ターゲットなど)と、政府が支払い方法として暗号通貨を受け入れるか、反対するかのいずれかのポイントです。

ビットコインの歴史は何ですか?

1991年、暗号で保護されたブロックのチェーンが初めて概念化されました。それから約 10 年後の 2000 年、Stegan Knost は暗号で保護されたチェーンに関する理論と実用化のアイデアを発表し、その8年後、サトシ·ナカモトはブロックチェーンのモデルを確立するホワイトペーパー(ホワイトペーパーは徹底的なレポートとガイド)を発表しました。2009年、ナカモトは最初のブロックチェーンを実装し、ビットコインと呼ばれる彼が開発した暗号通貨を使用して行われた取引の公開台帳として使用されました。最後に、2014年に、ブロックチェーンとブロックチェーンネットワークのユースケースが暗号通貨の外で発展し始め、ビットコインとブロックチェーンの可能性をより広い世界に開放しました。

ビットコインはどのように購入しますか?

ビットコインは主に取引所を通じて購入し、その後、取引所またはウォレットに保持することができます。米国および世界のユーザーに人気のある取引所は以下のとおりです。

私達

Coinbase - coinbase.com (新規投資家に最適)

PayPal - paypal.com(すでに PayPal を使用している人には簡単)

Binance US - binance.us (アルトコイン、上級投資家に最適)

Bisq - bisq.network (分散型)

グローバル(米国では利用不可/機能制限あり)

バイナンス - binance.com(総合最高)

Huibo Global -huobi.com(ほとんどの製品)

7b - sevenb.io (簡単)

Crypto.com - crypto.com (最低料金)

取引所でアカウントが作成されると、ユーザーは法定通貨をアカウントに送金して、目的の暗号通貨を購入できます。

ビットコインは良い投資ですか?

歴史的に見ると、ビットコインは過去 10 年間で最高の投資の 1 つであり、複利収益率は年間約200%であり、2010 年にビットコインに投入された10ドルは、今日では760万ドルの価値があります(驚異的な 76,500,000%の投資収益率)。しかし、過去にビットコインが生み出した急速なリターンは無期限に維持することはできず、ビットコインが良い投資になるかどうかという問題はまったく別の問題です。一般的に、事実は現在、特に分散化とブロックチェーンの加速する傾向を信じている場合、ビットコインを長期的に保持する良いものになっています。とは言うものの、多くのブラックスワンイベントがビットコインに甚大なダメージを与える可能性があり、多くの競合他社がビットコインのスポットを追い越す可能性があります。投資するかどうかという問題は、事実に裏打ちされるべきですが、それは、あなたが引き受けるリスクの量、リスクを負うことができる金額、そしてリスクを冒す意思のある金額など、あなたに基づいています。ですから、調査し、できるだけ合理的に考え、後悔しない取引決定を下してください。

ビットコインは暴落しますか?

ビットコインは非常に循環的な資産であり、定期的に暴落する傾向があります。ビットコインの長期保有者にとって、フラッシュクラッシュと持続的な弱気期間は圧倒的に可能性が高いです。ビットコインは2012年以来、80%以上(他の市場では悲惨な数と見なされる数)を3回暴落させました。すべての出来事で、それは急速に跳ね返っています。これはすべて、ビットコインがまだ価格発見段階にあり、採用の面で急速に成長しているため、ボラティリティが蔓延しているためです。要約すると;歴史的に言えば、ビットコインは間違いなく暴落しますが、間違いなく回復します。

ビットコインのPoWシステムとは何ですか?

PoWアルゴリズムは、トランザクションを確認し、特定のブロックチェーン上に新しいブロックを作成するために使用されます。PoWは、Proof of workを意味し、文字通り、ブロックを作成するために(数式による)作業が必要であることを意味します。仕事をするのはマイナーであり、マイナーはエクイティを通じて計算努力に対して報酬を得ます。

ビットコインの半減期とは何ですか?

半減期は、コインが固定供給の暗号通貨に追加されるレートを管理する供給メカニズムです。アイデアとプロセスは、4 年ごとに半分になるビットコインによって普及しました。半減期は、採掘報酬のプログラムされた削減によって開始されます。ブロック報酬は、特定のブロックチェーンネットワークでトランザクションを処理および検証するマイナー(実際にはコンピューター)に与えられる報酬です。2016 年から 2020 年にかけて、ビットコインネットワーク内のすべてのコンピューター(ノードと呼ばれる)は、10 分ごとに合計 12.5 ビットコインを獲得し、それが流通に入るビットコインの数でした。しかし、2020 年 5 月 11 日以降、報酬は同じ時間枠で 6.25 ビットコインに低下しました。このように、約 4 年ごとに 210,000 ブロックを採掘するごとに、2040 年頃に 2,100 万コインの上限に達するまで、ブロック報酬は半減し続けます。したがって、半減は、需要を変えずに供給を減らすことにより、ビットコインやその他の暗号通貨の価値を高める可能性があります。前述したように、希少性は価値を高め、限られた供給と需要の増加が相まって、ますます大きな希少性を生み出します。このため、半減期は歴史的にビットコインの価格を押し上げており、長期的な成長触媒になる可能性があります。図 medium.com クレジット。

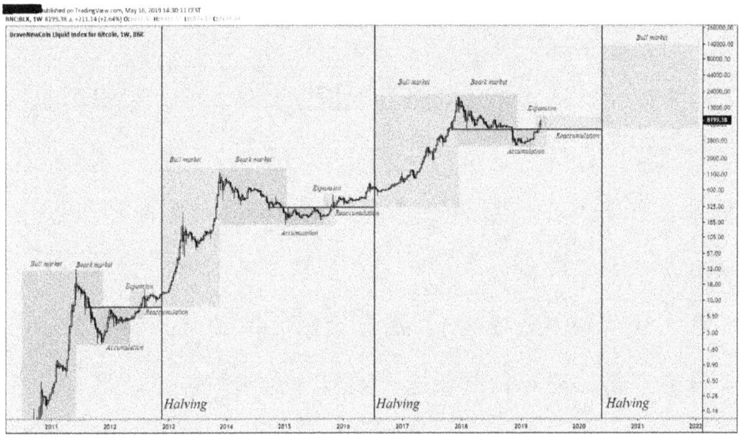

[24]

---

[24]https://medium.com/coinmonks/how-the-bitcoin-halving-impacts-bitcoins-price-ac7ba87706f1

ビットコインが不安定なのはなぜですか?

ビットコインはまだ「価格発見段階」にあり、市場が非常に急速に成長しているため、ビットコインの真の価値は不明のままです。したがって、知覚価値は市場を動かし(ビットコインのボラティリティを管理する組織の欠如によってさらに促進されます)、知覚価値はニュースや噂などによって非常に簡単に影響を受けます。最終的に、ビットコインのボラティリティは低下しますが、確かにかなりの時間がかかる可能性があります。

ビットコインに投資する必要がありますか?

ビットコインに投資すべきかどうかという問題は、ビットコインだけでなく、あなたの問題です。ビットコインには投機的で不安定な資産であるという固有のリスクがあり、潜在的なアップサイドは莫大ですが、リスクと報酬の両刃の剣を念頭に置いておく必要があります。あなたができる最善のことは、ビットコイン、暗号通貨、ブロックチェーン(およびそのような主題の傾向と現実世界の発展)についてできるだけ多くのことを学び、その情報をリスク許容度、財務状況、および投資決定に影響を与える可能性のあるその他の変数に合わせることです。

ビットコインへの投資を成功させるにはどうすればよいですか?

これらの 5 つのルールは、お金と取引が感情的な経験であるということで、ビットコインへの投資を成功させるのに役立ちます。

- ❖ 永遠に続くものはありません
- ❖ いや、そうすべきだった、できたはずだ
- ❖ 感情的にならない
- ❖ 多様化する
- ❖ 価格は関係ありません

永遠に続くものはない

この記事を書いている 2021 年初頭の時点で、暗号市場はバブル状態にあります。これは暗号楽観主義者と言われています。人々が生み出している信じられないほどの利益と、事実上すべてのコインの信じられないほどの上昇傾向は、単に持続不可能です。これが永遠に続けば、誰でも何にでもお金をつぎ込んで莫大な利益を上げることができます。これは、市場がゼロになるとか、成長を促進する概念が失敗することを意味するものではありません。私は単に、あ

る時点で、途方もない成長が鈍化すると主張しているだけです。これは、ゆっくりと段階的に行われる場合もあれば、急激なクラッシュの場合のように高速になる場合もあります。歴史的に、ビットコインは大規模な強気相場を含むサイクルを通じて運営されており、その最大のものは2017年後半、2019年3月から7月、そして2020年11月からこの記事の執筆時点である2021年4月まで発生しました。言及されたブルランでは、それぞれビットコインは約 15 倍(2017 年)、3 倍(2019 年)、そして今、現在のブルランでは10倍に上昇し、カウントされています。ビットコインが15倍以上に上昇した前のケースでは、翌年の大部分が 20k から 4k にクラッシュするのに費やされました。これは、最初に大規模な上昇トレンドがあり、次により高い安値にクラッシュする前述のビットコインサイクルのアイデアをサポートしています。これはいくつかのことを意味します:1つは、ビットコインがクラッシュしている場合に保持するのが良い賭けです。第二に、あなたがこれを読んでいる間にビットコインと暗号市場が上昇している場合、それはおそらく今後数年のある時点で下がるでしょう。あなたがこれを読んでいる間に下がっているのなら、今後数年間で本当に大きな方法で上昇する可能性があります。もちろん、市場のエコシステムは変化する可能性がありますが、これはまさに指摘すべき点です。暗号通貨が大量に採用され、お金、ビジネス、そして一般的な生活のあらゆる側面の不可欠な部分になると仮定すると、*ある時点で安定する必要があります*。その時点は、2021 年、2023 年、または 2030 年かもしれません。暴落と上昇を何度も繰り返した後、少なくとも以前の市場に比べて、ボラティリティの低い市場に安定する可能性があります。

いや、そうすべきだった、できたはずだ

このルールは、人気があり伝説的な株式トレーダーであり、番組「*Mad Money*」の司会者であるジム·クレイマーから取られたものです。この概念は、すべての投資、そして言うまでもなく、すべての人生の歩みで機能し、#31 を支配することに結びついています。このアイデアは、no would have、no should've、no could've で表されます。つまり、悪い取引をした場合、そこからどのように学び、改善できるかを数分かけて考えてください。そして、その数分後、自分が何を　したか、何を*すべきだった*か、何ができたかを考えないでください。これにより、正気を維持しながら同時に学び、改善することができます。負けたからといって自分を責めたり、勝ったことに頭を悩ませたりしないでください。

感情的にならないで

感情はテクニカル取引のアンチテーゼです。テクニカル取引は、現在および将来の行動を過去のデータに基づいており、悲しいことに、市場はあなたがどう感じるかを気にしません。多くの場合、感情は(単に悪いプロセスを通じて良い決定を下すという偶然の出来事による「そうではない」)あなたを傷つけ、あなたが開発した取引戦略から奪うだけです。一部の人々は、取引のリスクと感情のジェットコースターに自然に慣れています。そうでない場合は、取引の心理学について学び(感情を理解することは、受容、合理性、コントロールの前身であるため)、単に時間を与えることを検討するかもしれません。ファンダメンタルズ分析と中長期の取引には、これらすべてが必要ですが、程度は低くなります。

多様化する

分散投資はリスクをカウンターします。そして、ご存知のように、暗号にはリスクが伴います。暗号通貨に投資する人は誰でも、(リスクとリターンのトレードオフの原則により)ある程度のリスクを想定し、探す可能性が高いですが、(おそらく)慣れないレベルのリスクがあります。分散投資は、その最大のリスク負荷内にとどまるのに役立ちます。私はあなたのユニークな状況について話すことはできませんが、あなたがどれだけプロジェクトを信じていても、暗号投資家にはある程度分散されたポートフォリオを維持することをお勧めします。資金配分は(通常)ビットコイン、イーサリアム、ETHの代替品(カルダノ、BNBなど)とさまざまなアルトコイン、およびいくらかの現金に分割する必要があります。正確なパーセンテージは個々の状況(35/25/30/10、60/25/10/5、20/20/40/20 など)によって異なりますが、ほとんどの専門家は、これが最も持続可能な投資方法であり、市場全体で利益を獲得し、1 つまたはいくつかの誤った決定のためにポートフォリオの大部分を失う可能性を下げることに同意するでしょう。しかし、そうは言っても、一部の投資家はトップ50の暗号に1つか2つしか資金を投入せず、資金の大部分を小型のアルトコインに投入しています。結局のところ、自分の状況、リソース、性格に合った戦略を確立し、その戦略の範囲内で多様化します。

価格は関係ありません

供給価格と初期価格の両方を設定できるため、価格はほとんど関係ありません。Binance Coin(BNB)が 500 ドル、Ripple(XRP)が 1.80 ドルだからといって、XRP が BNB の 277 倍の価値があるわけではありません。実際、この 2 つのコインは現在、互いの時価総額の 10%以内にあります。暗号通貨が最初に作成されると、供給は資産の背後にあるチームによって設定されます。チームは、1 兆枚のコインを作成するか、1000 万枚のコインを作成するかを選択できます。そこで、XRP と BNB を振り返ってみると、リップルは約 450 億枚、バイナンスコインは 1 億 5000 万枚が流通していることがわかります。このように、価格はあまり重要ではありません。0.0003 ドルのコインは、時価総額、流通供給量、量、ユーザー、ユーティリティなどの点で、10,000 ドルのコインよりも価値があります。端株により、投資家は価格に関係なくコインやトークンに任意の金額を投資できるため、価格はさらに重要ではありません。他の多くの指標ははるかに重要であり、価格の前に十分に考慮する必要があります。とはいえ、心理の結果として価格が価格行動に影響を与える可能性があります。例:ビットコインは 50,000 ドルで強い抵抗があり、この抵抗の多くは、50,000 ドルが多くの人が買い注文と売り注文を出す素晴らしい丸い数字であるという事実から来ている可能性があります。このような状況を通じて、心理学はプライスアクションの実行可能な部分であり、したがって分析です。

ビットコインには本質的な価値がありますか?

いいえ、ビットコインには本質的な価値はありません。ビットコインについて、それが価値があることを要求しているものは何もありません。むしろ、値はユーザーが生成します。しかし、そのような定義によれば、金本位制や銀本位制に裏打ちされていない世界のすべての通貨もまた、本質的な価値を持たない(物質的な使用を除いて、それは重要ではない)。したがって、ある意味では、すべてのお金は、私たちが同意するからこそ、ある程度の価値しか持たず、本質的な価値がないためにビットコインの使用に反対する、または使用することについての議論は、不換紙幣にも適用されなければなりません。

ビットコインは課税されますか?

ことわざにあるように、私たちは税金を避けることはできませんが、そのような考えは、業界の一見匿名で規制されていない性質にもかかわらず、暗号通貨に確かに当てはまります。最も正確な情報を得るには、徴税機関のウェブサイトにアクセスして、お住まいの国のデジタル通貨税について詳しく知る必要があります。とはいえ、以下の情報は、米国が設定したルールにスポットライトを当てています。

- 2014 年、IRS は仮想通貨は通貨ではなく財産であると宣言しました。
- 暗号通貨が商品またはサービスの支払いとして受け取られる場合、公正な市場価値(米ドル)は所得として課税されなければなりません。
- コインまたはトークンを 1 年以上保有している場合は長期利益に分類され、1 年以内に売買した場合は短期利益に分類されます。短期的な利益は、長期的な利益よりも高い税金が課せられます。
- 仮想通貨のマイニングによる収入は、自営業の収入と見なされ(特定の個人が従業員ではないと仮定した場合)、米ドルでのデジタル通貨の公正等価額に従って自営業税の対象となります。最大 3,000 ドルの損失が認識される場合があります。

•デジタル通貨が売却されると、株式が売却された場合と同様に、利益または損失にキャピタルゲイン税が課せられます(デジタル通貨は財産と見なされるため)。

ビットコインは 24 時間年中無休で取引されますか?

ビットコインは 24 時間年中無休で稼働しています。これは、主に、真に大陸間のツールとして、世界中で使用されることを意図しており、タイムゾーンを考えると、24 時間年中無休の運用以外はその基準を満たさないという事実によるものです。また、そうしないインセンティブもありません。

ビットコインは化石燃料を使用していますか?

はい、ビットコインは化石フィールドを使用しています。実際、多くの化石燃料発電所は、暗号通貨のマイニングに必要な電力を供給することで新たな命を吹き込まれています。ビットコインは、純粋に計算要件を通じて小国とほぼ同じ量の電力を使用し、世界の電力生産の約 0.55%に相当します。明らかに、ビットコインのユーザーとマイナーは化石燃料の使用を望んでおらず、再生可能エネルギー源への移行が主要な目標ですが、ガソリン車の運転や、ビットコインよりも多くの化石燃料を消費する他の多くの日常活動についても同じことが言えます。問題は本当に意見に帰着します。ビットコインを不安定な金融エコシステムの人々を支援し、取引におけるセキュリティとプライバシーの向上を可能にする世界の先駆的な力と見なす人々は、0.55%の世界的なエネルギー使用量を心配することはありません(特にクリーンエネルギーへの長期的な移行の約束を考えると)、ビットコインを価値がない、または詐欺と見なす人は正反対に感じる可能性があります。一部の暗号通貨の代替品は、ビットコイン(カルダノ、ADA)、カーボンニュートラル(ビットグリーン、BITG)、またはカーボンネガティブ(eGold、EGLD)よりもはるかに炭素集約度が低いことに注意してください。

ビットコインは 100k に達しますか?

ビットコインはコインあたり 100,000 ドルに達する可能性があります。これは、それがすぐに起こるとか、確実なことだという意味ではありません。ビットコインのデフレ性、過去のリターン、採用傾向(興味があれば、テクノロジーの「S」カーブを研究してください)、および法定通貨のインフレに関するデータだけで、価格は 10 万ドルに上昇する可能性があります。重要な問題は、100,000 ドルに達するかどうかではなく、いつ 100,000 ドルに達するかです。そのような推定のほとんどは、せいぜい、知識に基づいた憶測にすぎません。

ビットコインは 100 万に達するでしょうか?

10 万ドルとは異なり、ビットコインが 100 万ドルに達するには、かなりの規模が必要です。eToro の CEO である Iqbal Grandha は、コイン 1 ビットコイン枚あたり 100 万ドルの価値があるまでは、ビットコインその可能性を発揮できないと述べています。規模の経済と世界的な大量採用の可能性(そのような場合、ビットコインは普遍的な準備通貨として機能する)を考えると、価格は 100 万ドルに達する可能性があります。しかし、別の暗号通貨や、政府が支援するステーブルコインやデジタル通貨も同様に簡単にこの座を奪う可能性があります。組み合わせると、不換紙幣はインフレであり、ビットコインはデフレ的であることに注意する必要があります。この価格変動により、長期的には 100 万ドルの可能性がはるかに高くなります。しかし、最終的には、何が起こるかは誰にもわかりませんし、1 コインあたり 100 万ドルの評価額は投機的なものです。

ビットコインはこれほど速く上昇し続けますか?

いいえ。それは文字通り不可能です。ビットコインは過去10年間、投資家に年間200%近くのリターンをもたらし[25]ており、10年間で520万パーセントのリターンを達成しています。この記事の執筆時点でのビットコインの時価総額を考えると、200%の持続的な複利増加は、4~5年で世界の通貨供給全体をオーバーランするでしょう。したがって、ビットコインが上昇し続ける可能性は十分にありますが、現在の成長率は非常に持続不可能です。長期的には、成長は横ばいにならざるを得ず、ボラティリティは低下する可能性が高い。

---

[25] 196.7%(CaseBitcoinによる計算)

ビットコインフォークとは何ですか?

フォークとは、別のブロックチェーンから新しいブロックチェーンが作成されることです。ビットコインには 105 のフォークがあり、そのうち最大のものは現在のビットコインキャッシュです。フォークは、アルゴリズムが 2 つの異なるバージョンに分割されたときに発生します。フォークには 2 種類あります。ハードフォークとは、ネットワーク内のすべてのノードが新しいバージョンのブロックチェーンにアップグレードし、古いバージョンを残すときに発生するフォークです。次に、新しいバージョンと古いバージョンの 2 つのパスが作成されます。ソフトフォークは、古いネットワークを無効にすることでこれに対比します。これにより、ブロックチェーンは 1 つになります。

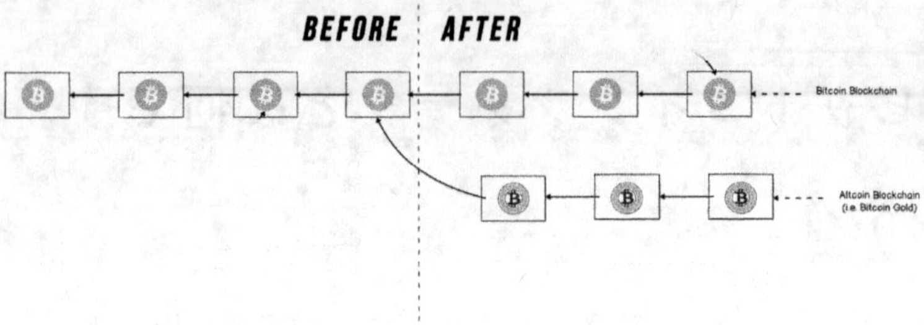

[26]

[26] Egidio.casati、CC BY-SA 4.0 <https://creativecommons.org/licenses/by-sa/4.0>による画像に基づく

なぜビットコインは変動するのですか?

株式市場と同様に、需要と供給に応じて価格が上下します。需要と供給は、ブロックチェーン上でビットコインを生産するコスト、ニュース、競合他社、内部ガバナンス、クジラ(大口保有者)の影響を受けます。ビットコインがこれほど不安定である理由については、このテーマに関する他の多くの質問を参照してください。

ビットコインウォレットはどのように機能しますか?

暗号ウォレットは、暗号資産の保有を管理するために使用されるインターフェースです。Coinbase ウォレットと Exodus は一般的なウォレットです。アカウントは、ブロックチェーンに保存される資金を管理できる公開鍵と秘密鍵のペアです。簡単に言えば、ウォレットは銀行のように、あなたのためにあなたの持ち株を保管する口座です。

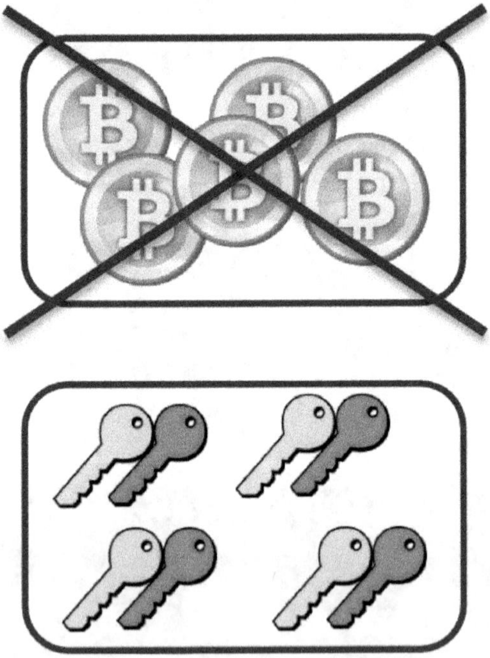
[27]

[27] マテウス·ワンダー / CC BY-SA 3.0)

※財布にはコインは入っていません。ウォレットには秘密鍵と公開鍵のペアが含まれており、保有資産へのアクセスを提供します。

ビットコインはすべての国で機能しますか?

ビットコインはコンピューターの分散型ネットワークです。すべてのアドレスはブロックできないため、Web 接続があればどこからでもアクセスできます。ビットコインが違法である国(最大の国は中国とロシア)では、政府ができることは、インフラストラクチャ(特にマイニングファーム)とビットコインの使用を取り締まることだけです。ロシアのような場所では、ビットコインは実際には規制されておらず、むしろ、商品やサービスの支払いとしてのビットコインの使用は違法です。他のほとんどの国は、ビットコイン自体をブロックすることは不可能であるため、このモデルに従います。実際、SECのヘスター·パースは、「政府がビットコインを禁止するのは愚かだ」と述べています。これを考えると、ビットコインはすべての国で機能すると結論付けることができますが、一部の国ではコインを所有または使用することは違法です。

ビットコインを持っている人は何人いますか?

現在、その[28]数は全世界で約 1 億人、成人の約 55 人に 1 人の割合で推定されています。とはいえ、暗号ネットワークの匿名性を考えると、本当の数字はわかりません。ユーザー数の増加は 2 桁台後半と言え、ビットコインは 1 日に数十万件の取引があり、2+億人がビットコインについて聞いたことがあり、合計で約 5 億のビットコインアドレスが存在すると言えます。

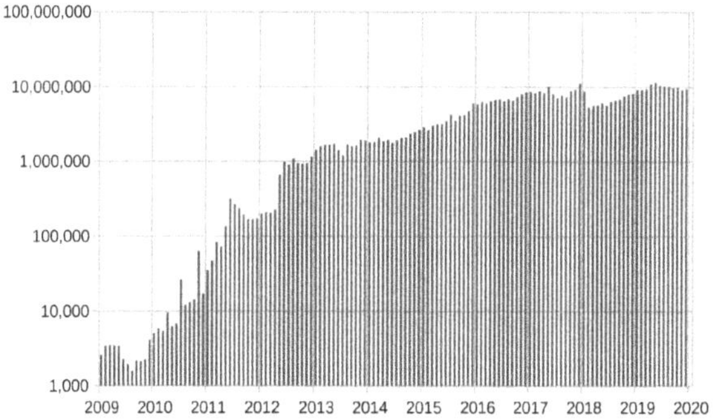

[29]

*2020 年時点の月間ビットコイン取引数。

---

28 buybitcoinworldwide.com

29 ラディスラフ·メシル / CC BY-SA 4.0

ビットコインを最も多く持っているのは誰ですか?

ビットコインの謎の創設者であるサトシ·ナカモトは、最も多くのビットコインを所有しています。彼は複数のウォレットにまたがって110万BTCを保有しており、数百億の純資産を持っています。ビットコインが 180,000 ドルに達した場合、サトシ·ナカモトは地球上で最も裕福な人物になります。サトシ·ナカモトに続いて、ウィンクルボスの双子とさまざまな法執行機関が最大の保有者です(FBI は、2013年に閉鎖されたインターネットブラック市場であるシルクロードの資産を差し押さえた後、最大のビットコイン保有者の 1 つになりました)。

アルゴリズムでビットコインを取引できますか?

この質問に答えるために、暗号通貨のテクニカル分析に関する私の別の本からの抜粋を含めます。すべてのベースをカバーし、数ページ以上を占めるので、短い答えを探しているなら、できると言いますが、難しいです。

アルゴリズム取引は、コンピューターにお金を稼がせる技術です。少なくとも、それが目標です。アルゴトレーダーは、俗語にあるように、取引の基盤として使用した場合に利益を上げる一連のルールを特定しようとします。これらのルールが選択されてトリガーされると、コードは注文を実行します。例えば、指数移動平均線クロスオーバー(EMA)での取引が好きだとします。ビットコインの 12 日間 EMA が 50 日間 EMA を通過するのを見るたびに、0.01 ビットコインを投資します。そして、通常、5%の利益が出たら売却するか、うまくいかない場合は 5%で損切りします。この好ましい取引戦略をアルゴリズム取引ルールに変換するのは非常に簡単です。ビットコインのすべてのデータを追跡し、好みの EMA クロスオーバー中に 0.01 ビットコインを投資し、5%の利益または 5%の損失で販売するアルゴリズムをコーディングします。このアルゴリズムは、あなたが寝ている間、あなたが食べている間、文字通り 24 時間年中無休で、またはあなたが設定した時間にあなたのために実行されます。それはあなたがそれを設定したとおりに正確に取引されるだけなので。あなたはリスクにとても満足しています。アルゴリズムが 100 回の取引のうち 51 回しか機能しなかったとしても、技術的には利益を上げており、何もせずに永遠に続けることができます。または、より多くのデータを参照して、アルゴリズムを 55/100、または 70/100 で動作するように改善することもできます。10 年後、あなたは今、太陽の光が降り注ぐビーチでトロピカルジュースを飲みながら、毎日毎秒お金を稼ぐ億万長者になっています。

悲しいことに、それはそれほど簡単ではありませんが、それがアルゴリズム取引の概念です。機械を使った取引の本当に素晴らしい仮定の側面は、収入の上限が実質的に無限である(または、少なくとも、非常にスケーラブルである)ということです。次のグラフについて考えてみます。これは、特定の条件が満たされた場合に 1 日あたり 200 回取引するアルゴリズムを視覚化したものです。アルゴリズムは、上記の例のように、5%の利益または 5%の損失でポジションを終了します。アルゴリズムに 10,000 ドルを与え、ポートフォリオの 100%が各取引に投入されたとします。赤は不採算の取引(5%の損失)を意味し、緑は良い取引(5%の利益)を意味します。

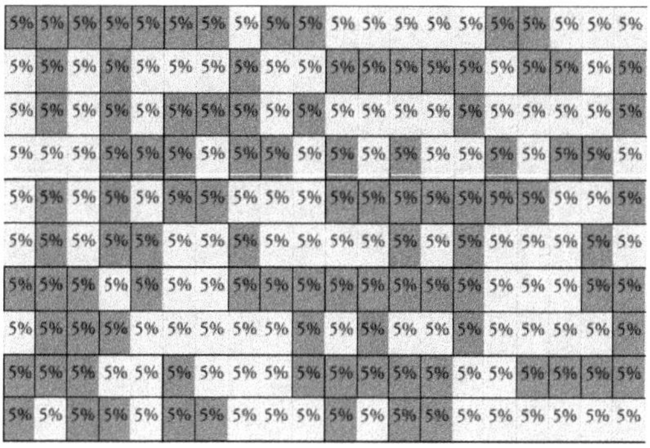

グラフによると、このアルゴリズムは 51%の確率でしか正しくありません。この分では、10,000 ドルの投資はわずか 1 日で 11,025 ドルになり、30 日で 186,791.86 ドルになり、1 年間の取引の後、結果は 29,389,237,672,608,055,000 ドルになります。これは 29 兆ドルで、流通している 1 米ドルの総額の約 783 倍に相当します。明らかに、それはうまくいきません。しかし、同じルールが与えられた場合、アルゴリズムが 50.1%の確率で収益性の高い取引を行うと仮定し、1,000 回に 1 回の割合で収益性の高い取引を行うと仮定しましょう。1 年後、このアルゴリズムは 10,000 ドルを 14,400 ドルに変えます。10 年後には 400,000 ドル弱、50 年後には 835,437,561,881.32 ドルになります。これは 8,350 億ドルです(Moneychimp の複利計算機で自分の目で確かめてください)

これは非常に簡単に思えます。少なくとも 50.1%の利益が出るアルゴリズムが見つかるまで、過去のデータを使用してアルゴリズムをテストし、$10k を手に入れれば、あなたの子供は億万長者になります。悲しいことに、これはうまくいかず、アルゴリズムトレーダーが直面している課題をいくつか紹介します。

エラー

最も明白な課題は、エラーのないアルゴリズムを作成することです。今日の多くのサービスでは、プロセスがはるかに簡単になり、コーディングの経験はそれほど必要ありませんが、ある程度のコーディング能力を必要とするサービスもあれば、ある程度の技術的知識が必要なサービスもあります。ご想像のとおり、アルゴリズムの作成を間違えるとゲームオーバーになる可能性があります。そのため、実際にコーディングする方法を知らない限り、自分でコーディングするべきではありません。

予測不能なデータ

テクニカル分析全体と同様に、過去のパターンが繰り返される可能性が高いという期待は、アルゴリズム取引の基盤となります。ブラックスワンイベント*や、ニュース、世界的な危機、四半期報告書などの予測不可能な要因はすべて、アルゴリズムを狂わせ、以前の戦略を不採算にする可能性があります。

適応性の欠如

予測不可能なデータという課題は、新しいコンテキストデータに基づく状況に適応できないことと相まっています。この方法では、手動更新が必要になる場合があります。この問題の解決策は明らかに、学習、改善、テストを行うAIですが、これは現実とはかけ離れており、もしうまくいったとしても、少数の影響力のあるプレーヤーが単に自分の使用のためにそれを収益化したり(文字通りの紙幣印刷機であることを考えると)、それをみんなと共有したりすることができるので、おそらく市場にとってそれほど良いことではないでしょう。 その場合、自己破壊チャレンジ(下記)が適用されます。

スリッページ、ボラティリティ、フラッシュクラッシュ。

アルゴリズムは決められたルールに従って行動するため、ボラティリティによって「騙され」、スリッページによって利益を失わせる可能性があります。たとえば、小さなアルトコインは、数秒で上下を問わず、数パーセントジャンプすることがあります。アルゴリズムは、価格が単に以前の価格またはそれ以上に跳ね上がったにもかかわらず、価格が指値売り注文に達し、清算をトリガーするのを見るかもしれません。

自滅

利用可能なすべてのデータを分類し、可能な限り最良の取引アルゴリズムを特定し、それらを実践し、状況に適応するインテリジェント AI が仮想的に発生した場合、そのような AI が複数存在し、独自の取引戦略を根絶するでしょう。例えば、これらの AI が 100 万個存在するとします(実際には、購入可能になれば、これよりもはるかに多くの人がそれを使用するでしょう)。すべての AI は、すぐに最適なアルゴリズムを発見し、それに基づいて取引を開始します。これが起こると、結果として生じるボリュームの流入は戦略を役に立たなくします。今日も同じシナリオが起きていますが、AIがいない場合を除いては。本当に優れた取引戦略は、複数の人によって発見され、利益がなくなるまで、または以前ほど利益がなくなるまで使用され、共有される可能性が高くなります。このように、本当に優れた戦略やアルゴリズムは、自分自身の進歩を妨げます。

つまり、これらの課題が、アルゴリズム取引が完璧な週 4 時間労働で、熱帯の休暇を誘発し、お金を印刷する機械になることを妨げているのです。そうは言っても、アルゴリズムが利益を生むことは確かです。多くの大企業や企業は、収益性の高い取引アルゴリズムのみに基づいてビジネスを行っています。したがって、取引ボットは簡単にお金を稼ぐと考えるべきではありませんが、十分な時間と労力を提供すれば習得できる分野と見なされるべきです。ここでは、アルゴリズム取引のハイライトと開始方法をご紹介します。

バックテスト

アルゴリズムは特定の入力を受け取り、それに応じて反応するため、アルゴリズムトレーダーは過去のデータに対してアルゴリズムをバックテストできます。例えば、前の例で言うと、トレーダーX が EMA のクロスオーバーで取引するアルゴリズムを作りたい場合、トレーダーX は市場全体が存在するすべての年を通してアルゴリズムを実行することでアルゴリズムをテストすることができます。その後、リターンがプロットされ、スプリットテストを通じて、トレーダーX は、実際にお金をテーブルに載せることなく、歴史的に機能することが証明されている計算式を思いつくことができます。このようにして、独自のアルゴリズムをテストし、さまざまな変数を試して、それらが全体的なリターンにどのように影響するかを確認できます。取引アルゴリズムの作成と使用を試すには、次の Web サイトを確認してください。

リスクコントロール

バックテストは、リスクを軽減するための優れた方法です。最良の選択肢は、ストップロスとトレーリングストップロスの規律と研究された使用を使用することです。これらのツールは両方とも、リスク管理のセクションで詳しく説明しています。

簡略

多くの人は、12 以上とは言わないまでも、複数の指標、パターン、またはオシレーターを含む複雑で多層的なコードを必要とするアルゴリズム取引の概念を持っています。未知数を説明することはできませんが、専門家と非専門家の両方が使用する成功しているアルゴリズムのほとんどは、驚くほど複雑ではありません。ほとんどの場合、1 つの指標、または 2 つの指標の組み合わせが含まれます。アルゴリズム取引を始める場合は、この確立されたルートをたどることをお勧めしますが、そうは言っても、非常に複雑で優れたアルゴリズムを発見した場合は、私が最初にサインアップします。

*クレジット:Book、Crypto Technical Analysis

ビットコインは未来にどのような影響を与えるのでしょうか?

ビットコインは、ブロックチェーンの最初の成功した大規模なユースケースでした。ブロックチェーンが将来にどのように影響するかという問題は、ビットコインの潜在的な影響だけの問題よりもはるかに大きな問題であり、その多くは以前にカバーされています。ブロックチェーン(ひいてはビットコイン)が大きな影響を与える、または大きな影響を与えている分野は次のとおりです。

- サプライチェーン管理。
- 物流管理。
- 安全なデータ管理。
- 国境を越えた支払いと取引手段。
- アーティストのロイヤリティ追跡。
- 医療データの安全な保存と共有。
- NFT マーケットプレイス。
- 投票メカニズムとセキュリティ。
- 不動産の検証可能な所有権。
- 不動産市場。
- 請求書の照合と紛争解決。

- チケット。
- 金銭的保証。
- 災害復旧の取り組み。
- サプライヤーとディストリビューターをつなぐ。
- オリジントレース。
- 議決権行使。
- 暗号通貨。
- 保険/保険証券の証明。
- 健康/個人データの記録。
- 資本アクセス。
- 分散型金融
- デジタル識別
- プロセス/物流効率
- データ検証
- 請求処理(保険)。
- IP 保護。
- 資産と金融商品のデジタル化。
- 政府の財政腐敗の削減。
- オンラインゲーム。
- シンジケートローン。
- などなど!

ビットコインはお金の未来ですか?

ビットコイン自体が「お金の未来」であるかどうかという問題は憶測です。本当の問題は、ビットコインの背後にあるテクノロジーとビットコインが奨励するシステムがお金の未来であるかどうかです。もしそうなら、暗号通貨全体とビットコインに投資することは(ビットコインの%の成長の可能性は、すでに含まれているお金の量を考えると、より小さなコインに比べて限られていますが)、非常に良い賭けです。

ビットコインを支える主要なテクノロジーはブロックチェーンであり、ビットコインが推奨するシステム全体は分散化のシステムです。どちらの分野も、多数のユースケースが爆発的に拡大しており、それぞれが支払いから仕事、投票まで、生活のあらゆる側面に影響を与える可能性があります。キャップジェミニ·エンジニアリングの言葉を借りれば、「それ(ブロックチェーン)は、金融、ヘルスケア、サプライチェーン、ソフトウェア、政府部門の安全性とセキュリティを大幅に向上させる」のです。ブロックチェーン技術を使用している企業には、アマゾン(AWS 経由)、BMW(物流)、シティグループ(金融)、Facebook(独自の暗号通貨の作成による)、ゼネラルエレクトリック(サプライチェーン)、Google(BigQuery 経由)、IBM、JPmorgan、Microsoft、Mastercard、Nasdaq、Nestlé、Samsung、Square、Tenent、T-Mobile、国連、Vanguard、Walmart などがあります。[30]ブロックチェーンを中心とする顧客層や製品の拡大は、ブロックチェーンがインターネットやオフラインのサービスの中核的な側面に定着していることを示しています。これらすべてを念頭に置いて、ビットコインは暗号通貨内に影響を与えることに限定されず、むしろブロックチェーンの時代の到来を告げる可能性があります。ビットコインがお金と支払いの未来であるという点で、重要な問題は、政府がビットコインと暗号通貨の脅威にどのように対応するかです。中国のように、独自のデジタル通貨を開発する国もあります。エルサルバドルのように、ビットコインを法定通貨にする国もあります。また、暗号通貨を無視したり、禁止したりする人もいます。政府がどのような反応をするにせよ、彼らが反応を余儀なくされるという事実は、ビットコインが何らかの形で、デジタルおよびブロックチェーン主導の資産の成功したアプリケーションを通じて世界の金融状況を完全に変える旗艦であることを意味します。

---

[30] Forbes の調査に基づいています。

ビットコインの億万長者は何人ですか?

保有資産は複数の口座に分割されることが多いため、暗号空間や暗号ネットワーク内に何人の億万長者が存在するかを知ることは困難です。ただし、取引所を除くと、10億ドル以上に相当するビットコインアドレスが20個、5億ドル相当以上のビットコインアドレスが80個あります。[31] 5億ドルから 10 億ドル相当のウォレットの多くは、ビットコインの変動に合わせて 10 億ドルを超える可能性があり、前述のように、ビットコインを売却したり、保有額を分割したりした保有者は含まれていないため、この数は簡単に変動する可能性があります複数のウォレット。とはいえ、少なくとも 2 ダースのアカウントと少なくとも 1 ダースの人々が、ビットコインに投資することで 10 億ドル以上を稼いだと言っても過言ではありません。さらに数十人が、他の暗号通貨に投資することで数億または数十億を稼いでいます。

---

31 「トップ 100 の最も裕福なビットコインアドレスと...." https://bitinfocharts.com/top-100-richest-bitcoin-addresses.html。

秘密のビットコイン億万長者はいますか?

サトシ·ナカモトは、秘密で匿名のビットコイン億万長者の代表的な例です。上記の質問(ビットコイン億万長者は何人ですか?)では、少なくとも 1 ダースの人々がビットコインに投資することで 10 億ドルを稼いだという結論に達しました。この数と、人気のあるビットコイン億万長者の数が片手で数えられるという事実(企業を含まない個人)を考えると、世界中の少数のビットコイン保有者は、脚光を浴びていないビットコイン億万長者であると推定されます。その考えを念頭に置いて、あなたはある時点であなたの一日を過ごし、秘密のビットコイン億万長者と道を渡ったかもしれません。

ビットコインは主流の採用に達するでしょうか?

これは興味深い質問です。現在、世界の約 1%がビットコインを使用していますが、これはアメリカのような場所では 20%、世界の他の地域では 0%にまで逸脱しています。暗号通貨が主流になり、大量に採用されるためには、ある種の有用性を果たす必要があります。一般的に、暗号通貨は価値の貯蔵庫としての有用性を持っています。取引の方法、またはネットワークと分散型組織を構築するためのフレームワークとして。ビットコインは群を抜いて最大かつ最も価値のある暗号通貨ですが、実際にはこれらのカテゴリのいずれでも最高の暗号通貨ではありません。したがって、ビットコインはビットコインであり(ロレックスよりもフィット感が良く、見栄えのする安い時計を購入できるのと同じように)、ビットコインのブランドはそれを遠くまで持っていきますが、世界の暗号通貨の中で永続的なリーダーになる可能性は低いです。とはいえ、そのブランドエクイティと規模を考えると、現在の使用傾向と暗号通貨空間のユースケースを考えると、大量かつ主流の採用に達することは間違いありません。

ビットコインは他の暗号通貨に引き継がれますか?

これに答えるには、上記の質問を参照してください。ビットコインは、規模とブランドは巨大ですが、実際には暗号空間で最高ではありません。これは、価値の最良の保存手段ではなく、送金と受け取りに最適ではなく、暗号ユーザーが運用および構築するためのフレームワークおよびネットワークとして最適ではありません。したがって、短期的には、ビットコインの純粋なブランドとその巨大な 1 兆ドルの時価総額を考えると、それが引き継がれる可能性は低いです。しかし、数十年または数世紀以内に、それを煽る価値が崩壊するにつれて、他の暗号通貨に追い越される可能性が高くなります。

ビットコインは PoW から変更できますか?

はい、ビットコインは確かに PoW(プルーフオブワーク)システムから変更することができます。イーサリアムは PoW でスタートし、2021 年後半に PoS(プルーフ·オブ·ステーク)に切り替える予定です。この切り替えにより、イーサリアムのエネルギー消費量が大幅に削減され、よりスケーラブルになります。このような移行はビットコインにとって確かに可能であり、多くの人が PoW からの脱却は避けられないと考えています。

ビットコインは史上初の暗号通貨でしたか?

サトシ·ナカモトの悪名高いビットコインホワイトペーパーは 2008 年にリリースされ、ビットコイン自体は 2009 年にリリースされました。これらのイベントは、それぞれの種類の最初のイベントとして知られています。これは部分的にしか当てはまりません。

1980 年代後半、オランダの開発者グループは、横行する現金窃盗を防ぐために、お金をカードにリンクしようとしました。トラックの運転手は、現金の代わりにこれらのカードを使用しました。これはおそらく電子マネーの最初の例です。

オランダの実験とほぼ同時期に、アメリカの暗号学者デビッド·チャウムは、譲渡可能でプライベートなトークンベースの通貨を概念化しました。彼は暗号化に使用する「盲目化式」を開発し、1988 年に DigiCash 社を設立しました。

1990 年代には、複数の企業が DigiCash が成功しなかった分野で成功を試みました。その中で最も人気があったのはイーロンマスクの PayPal でした。PayPal はオンラインで簡単な P2P 決済を導入し、貴重なメダルと引き換えにオンラインクレジットを提供する e-gold と呼ばれる会社の設立を引き起こしました(e-gold は後に政府によって閉鎖されました)。さらに、1991 年には、研究者のスチュアート·ハーバーと W·スクート·ストルネッタがブロックチェーン技術について説明しました。数年後の 1997 年、Hashcash プロジェクトはプルーフオブワークアルゴリズムを使用して新しいコインを生成および配布し、多くの機能がビットコインプロトコルになりました。その 1 年後、開発者の Wei Dai 氏(イーサリアムの最小額面である Wei の名前の由来)は、B-money と呼ばれる「匿名の分散型電子マネーシステム」のアイデアを導入しました。 B-money は、ユーザーが通貨を送受信できる分散型ネットワークを提供することを目的としていました。残念ながら、それは軌道に乗ることはありませんでした。B-money のホワイトペーパーのすぐ後、Nick Szabo は、完全な PoW(プルーフ·オブ·ワーク)システムで動作する Bit Gold と呼ばれるプロジェクトを立ち上げました。実際、ビットゴールドはビットコインと比較的似ています。これらのプロジェクトはすべて、さらに数十のプロジェクトが最終的にビットコインにつながりました。このため、ビットコインがそれを動かす多くの概念と技術で真の最初であったとは言えません。そうは言っても、ビットコインは絶対にそして間違いなくそれを動かすすべてのテクノロジーの最初の大規模な成功です。ビットコイン以前のすべての企業とプロジェクトは失敗しましたが、ビットコインは他の企業を超えて上昇し、それが構築したテクノロジーとコンセプトへの大規模な世界的なシフトを引き起こしました。

ビットコインは金の代替品以上のものになるのでしょうか?

ビットコインはすでに金の代替品以上のものです。これにより、金よりもはるかに少ない摩擦でグローバルな取引ネットワークが強化され、実現されます。ただし、ビットコインは、どちらも価値の貯蔵および取引手段と見なされているという点で、金よりもはるかに比較されます。これに関して、暗号通貨内の代替手段はイーサリアムのようなテクノロジーとプラットフォームになりつつあり、ユーザーは Solidity と呼ばれるプログラミング言語を活用して dApps を作成できるため、ビットコインはおそらく金の代替品以上のものになることはないでしょう。ビットコインはそのようなことをすることを意図したものではなく、確かに金よりも実用性がありますが、「デジタルゴールド」の役割にややタイプキャストされています。

ビットコインのレイテンシーとは何ですか、そしてそれは重要ですか?

レイテンシーとは、トランザクションが送信されてからネットワークがトランザクションを認識するまでの遅延のことです。基本的に、レイテンシーはラグです。ビットコインのレイテンシーは、10分ごとに1つの新しいブロックを生成するために、設計上(テレビ放送の5~10秒と比較して)非常に高くなっています。レイテンシーを下げると、基本的にブロックを検証する作業が少なくて済みますが、これは PoW の精神に反します。このため、ビットコインのレイテンシーを下げるべきではありません。とはいえ、取引の遅延は、取引所や取引所のトレーダー(特にアービトラージトレーダー)にとって問題です。HFT(高頻度取引)やアルゴリズム取引が暗号通貨市場に参入するにつれて、レイテンシーの重要性はますます高まっていくでしょう。

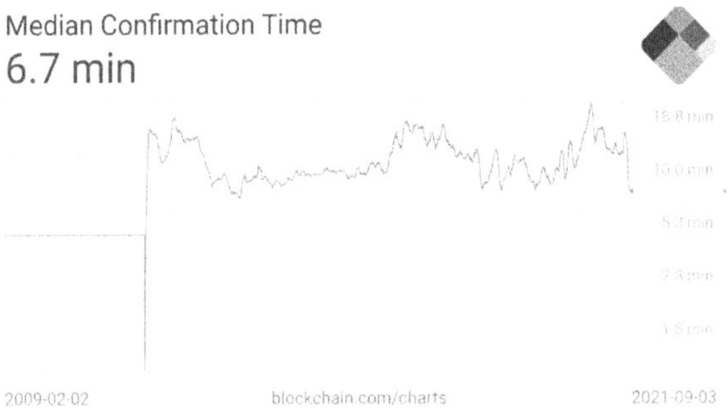

[32]

32 出典:blockchain.com

ビットコインの陰謀説にはどのようなものがありますか?

ビットコイン(特にサトシ·ナカモト)は陰謀論の熟した環境です。楽しみのために、いくつか見てみましょう。ほとんどの陰謀論がそうであるように、次のことは完全に架空のものであり、どれも信頼できるものではないと考えてください。

一. *ビットコインは、NSA または別の米国の諜報機関によって作成された可能性があります*。これはおそらく最も一般的なビットコインの陰謀です。それは、ビットコインは米国政府によって作成され、私たちが思っているほどプライベートではないと主張しています。それどころか、NSA は明らかに SHA-256 アルゴリズムへのバックドアアクセスを持っており、そのようなアクセスを使用してユーザーをスパイしています。

二. *ビットコインは AI になる可能性があります*。この理論は、ビットコインは、その経済的動機を使用してユーザーにネットワークを成長させるようにインセンティブを与える AI であると述べています。政府機関が AI を作ったと信じている人もいます。

三. *ビットコインは、アジアの4つの主要な企業によって作成された可能性があります。*この理論は、サムスンの「sa」、東芝の「toshi」、中道の「naka」、モトローラの「moto」が組み合わさって、ビットコインの謎の創設者であるサトシナカモトの名前を形成しているという事実に完全に基づいています。これは非常に確かな証拠です。

なぜ他のほとんどのコインはしばしばビットコインに従うのですか?

ビットコインは本質的に暗号通貨の準備通貨であり、株式市場のダウや S&P に似ています。暗号通貨市場の価値の約 50%はビットコインのみにあり、ビットコインは世界で最も使用され、最もよく知られている暗号通貨です。これらの理由から、ビットコイン取引ペアはアルトコインを購入するために最もよく使用されるペアであり、他のすべての暗号通貨の価値をビットコインに結び付けます。ビットコインが下がるとアルトコインに投入されるお金が少なくなり、ビットコインが上がるとアルトコインに投入されるお金が増えます。これらの理由から、ほとんどの(すべてではない)コインは、ビットコインの一般的な強気/弱気の傾向に従うことがよくあります(常にではありません)。

ビットコインキャッシュとは何ですか?

前述したように、ビットコインには規模の問題があります:ネットワークは、グローバルな採用状況に存在する大量のトランザクションを処理するのに十分な速度ではありません。これに照らして、ビットコインのマイナーと開発者の集合体は、2017年にビットコインのハードフォークを開始しました。ビットコインキャッシュ(BCH)と呼ばれる新しい通貨は、ブロックサイズをアップし(2018 年には 32MB に)、ネットワークがビットコインよりも多くのトランザクションを高速に処理できるようにしました。BCH はビットコインに取って代わる、または置き換えられる予定はありませんが、主要な問題を解決した代替手段であり、元のビットコインが同じ問題をどのように解決するかという問題は解決されていません。

33

[33] ゲオルクストムク / CC BY-SA 4.0

ビットコインは景気後退時にどのように行動しますか?

ビットコインは景気後退時にうまく機能する大きなチャンスがありますが、これは決定的な答えではありません。ビットコインは 2008 年の住宅危機から生まれましたが、それ以来、持続的かつ大きな景気後退をまだ経験していません(COVID はカウントされません)。多くの点で、ビットコインは金のデジタル等価物として機能し、金は歴史的に不況時(特に 2007 年から 2012 年)にうまく機能しており、ビットコインの希少性と分散性により、不況時の安全資産投資となる可能性があり、不換紙幣や世界のインフレ通貨システムに対する政府の管理の対象とはなりません。また、ビットコインは歴史的に、ブレグジット、2013 年の議会危機、COVID などの小規模な危機の間に上昇してきたことにも注意する必要があります。したがって、以前に主張したように、ビットコインはおそらく景気後退時にうまく機能するでしょう(景気後退がひどくなり、人々が単に投資するお金がなくなる場合を除き、ビットコインとすべての資産は、赤以外の何かを経験する可能性はほとんどありません)。いずれにせよ、景気後退の場合、ビットコイン以外のほとんどの暗号通貨(特に小さなアルトコイン)は間違いなく巨額の損失を経験します。ほとんどがマップから事実上一掃されます。このようなシナリオは、アルトコインにとって大規模なフィルターイベントであり、市場全体にとって非常に健全です。

ビットコインは長期的に生き残ることができますか?

考慮すべきことは、ビットコインが長期的にどの程度生き残るかです。そして、採用と使用がどの程度増加するか。いずれにせよ、ビットコインは今後数十年にわたってある程度の規模で存在するでしょう。今後数世紀にわたって大規模に持続する可能性は、新しい競争とビットコインの代替品を考えるとありそうもないです。それでも、暗号通貨が存在する限り、トップの暗号通貨であり続けることは間違いありません(特に、照明ネットワークなどのアップグレードが実装されている場合)。事前確率は、その種の最初の通貨が通常、その種の最高のものではないという事実に純粋に基づいており、歴史上のほとんどの通貨は(大規模に)かなりの期間持続しません。

ビットコインと暗号の最終目標は何ですか?

暗号通貨の最終ビジョンは、次のことを達成します。

一. 特にビットコインの場合、ユーザーが中央機関に依存することなく、代わりに暗号化証明に依存することなく、安全な方法でインターネット経由で送金できるようにします。

二. 仲介者の必要性を排除し、サプライチェーン、銀行、不動産、法律、その他の分野での摩擦を減らします。

三. 不換紙幣のインフレ、ワイルドウェスト(不換紙幣が金本位制から外されたため、政府の管理の観点から)環境が直面する危険を排除します。

四. 第三者機関に頼ることなく、個人資産を完全に安全に管理することができます。

五. 医療、物流、投票、金融の分野や、そのようなソリューションが適用できるその他の分野で、ブロックチェーンソリューションを実現します。

ビットコインは暗号通貨として使用するには高すぎますか?

絶対価格は、暗号通貨(他の本で書いたように、株式も同様)にはほとんど関係ありません。この回答は取引ルールの他の場所でカバーされていますが、以下に関連するセクションを要約します。

供給価格と初期価格の両方が設定/変更可能であることを考えると、価格自体はコンテキストなしではほとんど無関係です。バイナンスコイン(BNB)が 500 ドル、リップル(XRP)が 1.80 ドルだからといって、XRP が BNB の 277 倍の価値を持つわけではありません。この 2 つのコインは現在、互いの時価総額の 10%以内にあります。暗号通貨が最初に作成されると、供給量は資産の背後にあるチームによって設定されます。チームは、1 兆枚のコインを作成するか、1000 万枚のコインを作成するかを選択できます。XRP と BNB を振り返ってみると、リップルは約 450 億枚、バイナンスコインは 1 億 5000 万枚が流通していることがわかります。このように、価格はあまり重要ではありません。0.0003 ドルのコインは、時価総額、流通供給量、量、ユーザー、ユーティリティなどの点で、10,000 ドルのコインよりも価値があります。端株の出現により、投資家は価格に関係なくコインやトークンに任意の金額を投資できるため、価格はさらに重要ではありません。価格の唯一の大きな影響は心理的影響にあり、ビットコインとアルトコインを取引する際に検討する必要があります。

ビットコインはどれくらい人気がありますか?

現在、世界の少なくとも 1.3%がビットコインを所有しており、存在する 5 億のビットコインアドレスを考慮すると、非常に人気があります。この数字には、人口の 14%、成人の 21%にあたる 4600 万人のアメリカ人が含まれていますが、

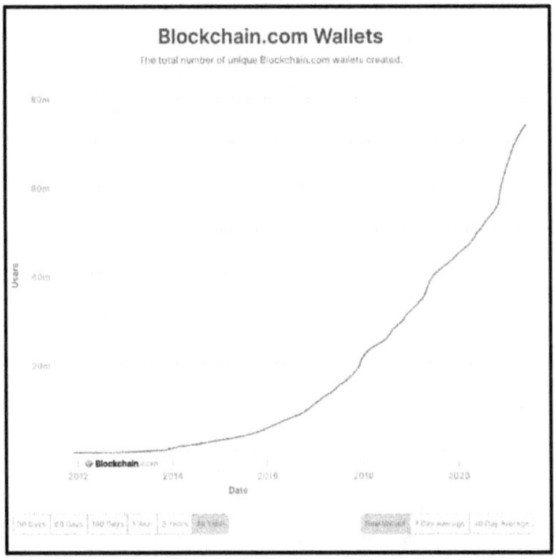

[34]別の調査では、ヨーロッパ人の 5%がビットコインを保有していることがわかりました。[35]しかし、より注目すべき

---

34 「アメリカ合衆国人口統計 ...」 https://www.infoplease.com/us/census/demographic-statistics。

35 「•チャート:暗号通貨を所有している消費者は何人ですか? |スタティスタ」2018 年 8 月 20 日、 https://www.statista.com/chart/15137/how-many-consumers-own-cryptocurrency/。

は、指数関数的な増加率です。2014年には100万未満のビットコインウォレットが存在し、それ以来75倍の増加、年間10倍(1,000%)の成長率を表しています。[36]こうした傾向は止まる気配がなく、むしろ成長は上向いている。要約すると、ビットコインは特に人気があり、今後数十年で大量採用の転換点に達する可能性があります。

36 「Blockchain.com」https://www.blockchain.com/。2021年6月9日にアクセス。

書物

- ビットコインをマスターする – アンドレアス·M·アントノプロス
- お金のインターネット - アンドレアス·M·アントノプロス
- ビットコインスタンダード – サイフェデアン·アモス
- 暗号通貨の時代 – Paul Vigna
- デジタルゴールド – ナサニエル·ポッパー
- ビットコイン億万長者–ベンメズリッチ
- ビットコインとブロックチェーンの基本 – アントニー·ルイス
- ブロックチェーン革命 – ドン·タプスコット
- 暗号資産 - Chris Burniske and Jack Tatar
- 暗号通貨の時代 - Paul Vigna、Michael J. Casey

交換

- Binance - binance.com (米国居住者向け binance.us)
- コインベース – coinbase.com
- クラーケン – kraken.com
- 暗号 – crypto.com
- 双子座 – gemini.com
- eToro – etoro.com

ポッドキャスト

- ピーター·マコーマック(ビットコイン)によるビットコインの行動
- Untold Stories (初期の物語)
- Unchained by Laura Shin (インタビュー)
- ベースレイヤー by David Nage (ディスカッション)
- The Breakdown ナサニエル·ホイットモア(短編)
- Crypto Campfire ポッドキャスト (relaxed)
- Ivan on Tech(アップデート)
- HASHR8 by Whit Gibbs (テクニカル)
- 無条件の意見 by Ryan Selkis (インタビュー)

ニュースサービス

- コインデスク – coindesk.com
- コインテレグラフ – cointelegraph.com
- TodayOnChain – todayonchain.com
- ニュース BTC – newsbtc.com
- ビットコインマガジン - bitcoinmagazine.com
- クリプトスレート – cryptoslate.com
- Bitcoin.com – news.bitcoin.com
- Blockonomi – blockonomi

チャートサービス

- TradingView – tradingview.com
- CryptoView – cryptoview.com
- アルトラディ – Altrady.com
- コイニジー – Coinigry.com
- コイントレーダー - Cointrader.pro
- クリプトウォッチ – Cryptowat.ch

YouTube チャンネル

- ベンジャミン·コーウェン

  Hatps://vv.youtube.com/channel/ukrvak-ux-w0soig

- オフィスコーナー

  Hatps://vv.youtube.com/c/koinbureyu

- フォーフライ

  https://www.youtube.com/c/Forflies

- データダッシュ

  Hatps://vv.youtube.com/c/datadash

- シェルドン·エヴァンス

Hatps://vv.youtube.com/c/sheldonevan

- アンソニー·ポンプリアーノ

  Hatps://vv.youtube.com/channel/usevspell8knynav-

  nakz4m2w

¨ エイムストーン

https://www.youtube.com/channel/UC7S9sRXUBrtF0nKTv

LY3fwg/abou トン

¨ ラーク·デイビス

Hatps://vv.youtube.com/channel/ucl2okaw8hdar_kbkidd2kal

ia

¨ アルトコインデイリー

https://www.youtube.com/channel/UCbLhGKVY-

bJPcawebgtNfbw

www.ingramcontent.com/pod-product-compliance
Lightning Source LLC
LaVergne TN
LVHW012019060526
838201LV00061B/4376
9798869310248